「教えることは学ぶことだ」

『パブロ・カザルス　鳥の歌』筑摩書房

とびらのことば

パブロ・カザルス（1876－1973）はカタルーニャの伝説的なチェロ奏者。音楽を通じて世界平和のために人生を賭けて活動しました。1971年に国連本部にて平和へのメッセージを託して演奏した母国のキャロル（祝歌）「鳥の歌」は、世界中に広まっています。彼のメッセージは、音楽や教育が一体何のためにあるのかを教えてくれます。

…イメージを学びの翼に…

いまがわかる教育原理

【シリーズ知のゆりかご】

西本望 編

みらい

執筆者一覧 （五十音順　○は編者）

井谷　信彦（武庫川女子大学）……………………………… 第1章

猪熊　弘子（名寄市立大学）………………………………… 第14章

大倉　健太郎（武庫川女子大学）…………………………… 第9章

尾場　友和（大阪商業大学）………………………………… 第11章

久保田　健一郎（大阪国際大学短期大学部）……………… 第2章、第3章

差波　直樹（八戸学院大学短期大学部）…………………… 第4章

塩見　剛一（大阪産業大学）………………………………… 第7章

○西本　望（武庫川女子大学）……………………………… 第13章

弘田　陽介（大阪公立大学）………………………………… 第8章

増田　翼（仁愛女子短期大学）……………………………… 第10章

箕輪　潤子（武蔵野大学）…………………………………… 第12章

宮地　和樹（香川短期大学）………………………………… 第5章

山上　裕子（郡山女子大学短期大学部）…………………… 第6章

装丁：マサラタブラ
本文デザイン：エディット
イラスト：たきまゆみ

はじめに

　フレーベル（Fröbel,F.W.A.）の言葉に「さあ、わたしたちの子どもらに生きようではないか」（荘司雅子訳『フレーベル全集』1981）があります。さらに、津守真氏は『子どもの世界をどうみるか』（1987）において、子どもの生活世界に入り込んで、ともに過ごすことで、子どもの言動に隠された意味を知ること、と著わしています。両者とも、ありのままの子どもの姿にふれ、わたくしたちの自己をも振り返り、向上していくことを示唆しています。

　これについて、次のような場面に遭遇することがあります。幼児たちが、支援・配慮の必要な子に対して、いとも簡単に、それぞれの子の可能なことと介助の必要な内容を瞬時に見極めて対応するのです。わたくしたちは、その時代のことをしばしば忘れ、傍観、ぎこちない関わり、過剰な干渉さえしてしまいます。

　そこで本書が、みなさま方をその本質を伸ばす世界へと、いざなって参ります。つまり、この世に生まれたひとが社会的人間となるために、どのような教育の過程をたどって学んでいくのか、その機序を記しているのです。各章の執筆には、それぞれの専門に卓越した者たちがあたり、先人たちが積み重ねてきた知の基盤である思想から、最先端の知識・技術まで記述してもらっています。ただし時間や紙面の制約から、各執筆者のすべての力を発揮して頂くことまでは叶わなかったところもあります。

　本書を、世のあらゆる方々に、ご高覧頂いて学びの契機として頂きたいのです。それによりみなさまのお働きが、社会の形成者である子どもの人格の完成と最善の利益にご貢献されることを、切に願っております。

　なお編集にあたりましては、米山拓矢氏に多大なる労力と時間とを割いていただきました。氏とは先輩の田中まさ子先生が編纂された旧版『保育原理』からのお付き合いです。感謝の意を表します。

　　2018年3月　　　　　　　　　　　　　　著者を代表して　西本　望

本書の使い方

・はじめにガイドのご紹介

わたしたちと一緒にがんばりましょう！
ひよこのピーです
だるまのナナです

このテキストの学びガイドの「ピー」と「ナナ」です。
2人はさまざまなところで登場します。
ひよこのピーはみなさんにいつも「子どもの声」が聞こえるように、
だるまのナナは学習でつまずいても「七転び八起き」してくれるようにと、
それぞれ願っています。2人をどうぞよろしく。

①イメージをもって学びをスタートしよう。

章のはじまりの扉ページはウォーミングアップです。イメージを膨らませつつ、学びの内容の見通しをもって学習に入るとより効果的です。あなたならではの自由な連想を広げてみよう。

出発進行〜

ポイント②
本章で学ぶ内容をぎゅっとまとめました。いわば、**学びの見通し**を示す地図です。

ポイント①
本章で学ぶテーマについて、**イメージを広げる問いかけ**です。正解は1つではありません。自由にイメージを膨らませてみましょう。

ポイント③
この章の理解の「鍵」となる**重要語句**を1つ抜き出しました。

②ふりかえるクセをつけよう。

紙面にメモ欄を設けています。思うように活用してください。

大切だと思ったことや感じたことを書き込んでください。あなたの学びの足跡となります。

ふりかえりメモ：

③自分から働きかけるアクティブな学びを意識しよう。

本書の演習課題は「ホップ→ステップ→ジャンプ」の3ステップ形式です。このスモールステップを繰り返すことによって、アクティブラーニング（「主体的な学び」「対話的な学び」「深い学び」）の充実を目指します。

ホップ
主体的にタネをまこう
まずは箇条書きでよいので、自分の考えや調べたことを書いてみましょう。これが学びの芽となります。

ステップ
対話的に芽を育てよう
ホップで書いたものをもとに、みんなと話し合ってみましょう。

ジャンプ
深めて花を咲かそう
ホップとステップで育てたアイデアや考えを、文章にまとめたりして、実りあるものにしましょう。

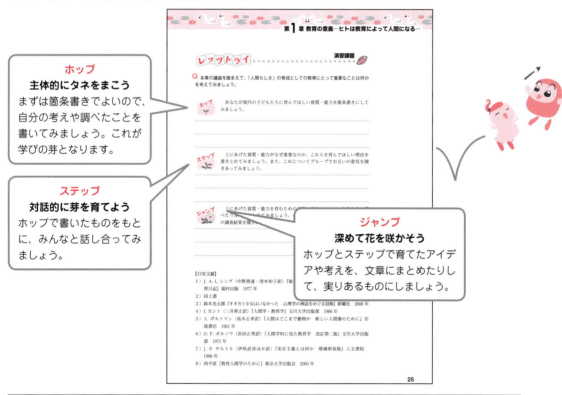

●エピソード（事例）について

本書に登場するエピソード（事例）は、実際の例をもとに再構成したフィクションです。登場する人物もすべて仮名です。

目　次

はじめに
本書の使い方

本書の構成の特徴
教職課程と保育士養成課程を踏まえつつ、「いまの教育」がなぜこのような姿になっているかがわかりやすく伝えられることを目指しました。

第1章　教育の意義　―ヒトは教育によって人間になる―……14

第1節　オオカミに育てられた少女？　16
第2節　オオカミ少女と教育学　17
第3節　「人間になること」と教育　18
第4節　「人間らしさ」の定義　19
第5節　人間の本質をめぐる「開かれた問い」　20
　1．「人間」を定義することの危うさ　20
　2．ボルノウの「開かれた問い」　21
第6節　個人の価値と尊厳　21
　1．民主主義にもとづく教育　21
　2．人間は定義より先に存在している　22
第7節　オオカミに育てられた少女・再考　22
第8節　教育をめぐる2つの視点　24
●演習課題「人間らしさの育成としての教育にとって重要なことを考えてみよう」

第2章　教育の目的…………………………………………26

第1節　はじめに　28
第2節　教育の目的の歴史　28
　1．学校教育以前の教育の目的　28
　2．学校教育における教育の目的　29
第3節　法律から見る教育の目的　29
　1．日本国憲法　29
　2．教育基本法　30
　3．学校教育法　32
第4節　保育内容から見る教育の目的　34
　1．幼稚園教育要領　34
　2．保育所保育指針、幼保連携型認定こども園教育・保育要領　35
第5節　おわりに　36
●演習課題「学校教育法第21条と10の姿を比べてみよう」

第3章　教育と児童福祉のつながり……………………38

第1節　教育と福祉の関係？　40
第2節　福祉としての保育　40
　1．日本国憲法　40
　2．児童福祉法　41
　3．児童の権利に関する条約　－子どもの最善の利益－　42

4．児童福祉から子ども家庭福祉へ　43
　第3節　子育て支援と少子化対策　44
　　1．1.57ショック　44
　　2．少子化対策の時代　45
　　3．子ども・子育て支援新制度　45
　　4．小学校と福祉　46
●演習課題「小1の壁についてさらに考えてみよう」

第4章　人間形成と家庭・地域・社会………………………48

　第1節　「家庭と連携する」ということ　50
　　1．法律における定義と実際　50
　　2．家庭との連携の実際　52
　第2節　「地域・社会と連携する」ということ　55
　　1．なぜ、地域・社会等との連携が求められるのか　55
　　2．地域や社会へ関わっていく力　55
　第3節　連携によって育まれるもの　56
　　1．連携のポイントとしての互恵性　56
　　2．子どもたちに育つもの　57
●演習課題「実習先の地域資源について調べて、活用の仕方を考えてみよう」

第5章　教育制度の基礎………………………………………60

　第1節　西洋の教育制度　62
　　1．プラトンのアカデメイアとイソクラテスの修辞学校　62
　　2．キケロと自由学芸七科　62
　　3．キリスト教と中世の教育制度　63
　　4．ルネサンス　63
　　5．近代教育の父・コメニウス　64
　　6．各国の公教育制度の誕生　64
　第2節　日本の教育制度　65
　　1．明治時代における教育制度　66
　　2．大正時代から昭和時代前期の教育制度　67
　　3．昭和時代後期から現在までの教育制度　68
　　4．現代の教育問題　69
●演習課題「次代の教育制度について考えてみよう」

第6章　さまざまな国の教育思想家たち……………………72

　第1節　コメニウス　ー感覚からー　74
　　1．『世界図絵』　74
　　2．教授の方法　75
　第2節　ルソー　ー子どもの発見ー　75
　　1．『エミール』　75
　　2．自然　76

第3節　ペスタロッチ　―直観教育―　76
　1．すべては他がために　76
　2．直観の原理　77
第4節　フレーベル　―教育としての遊戯―　78
　1．恩物　78
　2．キンダーガルテン　78
第5節　オウエンとマクミラン姉妹　―環境の改善へ―　79
　1．オウエン　79
　2．マクミラン姉妹　80
第6節　モンテッソーリ　―自主性をいかに―　81
●演習課題「教育思想家たちに共通している教育の考え方は何でしょうか？」

第7章　日本の教育思想と歴史 …………………………… 84

第1節　近代以前の日本の教育　86
　1．日本の近代化を支えた寺子屋　86
　2．幕末に寺子屋は3万校以上あった？　86
第2節　日本の近代教育制度の確立期　87
　1．「学制」　87
　2．「教育令」　88
　3．「教学聖旨」　88
　4．試行錯誤の繰り返し　89
第3節　公教育制度の整備と教育勅語　89
　1．森有礼の教育改革　89
　2．「教育勅語」　90
　3．義務教育年数の延長　91
第4節　大正期の教育運動　92
　1．「新教育運動」のうねり　92
　2．文芸雑誌『赤い鳥』　92
第5節　戦時下の教育　93
　1．「国民学校令」　93
　2．戦況の悪化と「学徒出陣」　93
第6節　教育の民主化　94
　1．CIEによる「四大教育指令」　94
　2．「日本国憲法」「教育基本法」「学校教育法」　95
　3．「学習指導要領（試案）」　96
　4．2006年の「教育基本法」改正　96
●演習課題「戦前と戦後で、教育の制度や考え方にどのような変化があったかを振り返ってみよう」

第8章　近代教育成立の歴史 …………………………… 100

第1節　この章の目的　102
　1．近代学校教育の歴史とはヨーロッパ公教育の歴史　102
　2．公教育の3つの原則　102

第2節　近代公教育制度の確立　**103**
　1．近代公教育の定義　103
　2．イギリス・フランス・ドイツの近代公教育成立史　104
第3節　産業革命と市民社会　**107**
　1．産業革命の概要　－大いなる分岐－　107
　2．産業革命と教育　109
　3．近代的な家族の成立　111
　4．まとめ　112
●演習課題「身の回りにあるものと教育や社会のしくみとの結びつきを考えてみよう」

第9章　子ども観と教育観の変遷……………………………**114**

第1節　子ども観、教育観とは何か　**116**
　1．私たちは主観を排除することはできない　116
　2．子ども観や教育観によって、導き出される実践が変わる　116
第2節　近代的子ども観と教育観　**117**
　1．子どもはかわいくなかった⁉　117
　2．新しい子ども観の系譜　－ロック、ルソー、フレーベル、マン－　118
　3．近代的子ども観とは　119
第3節　生物学的子ども観と教育観　**119**
　1．子どもの内面への科学的アプローチ　119
　2．個人差の発見　120
第4節　構築主義的子ども観と教育観　**121**
　1．生物学的な要因から文化的・社会的な要因へ　121
　2．子どもを取り巻く「環境」に着目したモンテッソーリ　121
　3．教育に「日常」を取り入れたデューイ　122
第5節　構造主義的子ども観と教育観　**123**
　1．学校は職場の縮図？　123
　2．格差は引き継がれる？　123
第6節　これからの子ども観と教育観　**124**
　1．複雑で境界線のあいまいな現代　124
　2．「コンピテンシー」という新しい教育観　125
　3．予測不能な未来に生きるための「資質・能力」　126
第7節　まとめにかえて　**126**
　1．子ども観、教育観に正解はない　126
　2．他者との共生を念頭においた子ども観、教育観へ　127
●演習課題「自分の子ども観、教育観について考えてみよう」

第10章　教育行政および学校経営の基礎……………**130**

第1節　教育行政の基盤にある法的枠組み　**132**
　1．日本国憲法　132
　2．教育基本法　133
　3．学校教育法　133
　4．学校教育を機能させるそのほかの主な関係法令　134

第2節　保育・幼児教育行政のこれから　135
　　1．認定こども園制度の誕生　135
　　2．子ども・子育て支援新制度と幼保連携型認定こども園の創設　135
　　3．保育・幼児教育の「独自性」を守るために　136
第3節　学校経営　―学校はどのように管理運営されているか―　137
　　1．近年の改革動向　137
　　2．教職員制度改革　139
　　3．チームとしての学校　140
●演習課題「教育や学校を規定している法令や、これからの学校に求められるものについて調べてみよう」

第11章　保育・教育実践の基礎理論
―教育課程（内容、方法、計画と評価）を中心に―　142

第1節　はじめに　144
第2節　保育・幼児教育の内容　144
　　1．幼稚園での教育・保育内容　144
　　2．保育所での保育内容　146
第3節　保育形態　147
　　1．保育活動　147
　　2．クラスの編成　148
第4節　保育の計画と評価　149
　　1．教育課程・全体的な計画の編成　149
　　2．保育の指導計画　150
　　3．保育の評価　150
　　4．指導計画の実践事例　151
第5節　系統主義と経験主義　154
第6節　小学校以降の教育課程・評価　154
　　1．教育課程　154
　　2．評価と通知表　155
●演習課題「アプローチカリキュラムとスタートカリキュラムについて調べてみよう」

第12章　教育実践の多様な取り組み　160

第1節　新しい時代の教育　162
　　1．主体的・対話的で深い学び（アクティブ・ラーニング）　162
　　2．ICTと教育　164
第2節　多様な教育実践　166
　　1．フレーベル主義　166
　　2．モンテッソーリ・メソッド　167
　　3．レッジョ・エミリア・アプローチ　168
　　4．森のようちえん　169
　　5．シュタイナー教育　170
　　6．フレネ教育　170
　　7．サマーヒル・スクール教育　171

8．サドベリー・スクール　171
　　9．フリースクール　172
●演習課題「多様な教育について、インターネットや本などで調べて実践を1つ取り上げてみよう」

第13章　生涯学習社会と教育 …………………………… 176

第1節　生涯学習の取り組み　178
　　1．生涯学習の取り組み　178
　　2．生涯学習の施設と指導者　178

第2節　生涯学習の課題と施策　179
　　1．教育分野における子ども・子育て支援施策　179
　　2．高齢者社会への対応　180
　　3．人権教育と支援　180
　　4．児童虐待の防止　180
　　5．消費者への留意事項の教育　181
　　6．環境教育・学習と持続可能性のある教育　181
　　7．生涯学習と社会教育の用語の整合性　181

第3節　諸外国の生涯学習論の概念　182
　　1．ユネスコの生涯教育論　182
　　2．OECDのCERIによるリカレント教育　182
　　3．ヨーロッパ評議会の生涯教育　183
　　4．アメリカの生涯教育　184

第4節　日本での生涯学習　184
　　1．日本の生涯学習論の概念と歴史的経緯　184
　　2．生涯学習の黎明：社会教育の始まり　185
　　3．社会教育の確立　186
　　4．社会教育の発展と生涯教育による教育観の転換　187
　　5．生涯学習社会への展開　188

●演習課題「生涯教育についてまとめてみよう」

第14章　現代の教育課題
　　　　　―多様性(Diversity)を受け入れる教育を目指して―… 192

第1節　教育における多様性（Diversity）の重要性　194
　　1．「多様な子ども」を受け入れること　194
　　2．教育現場で必要な「Diversity」の視点　195

第2節　異なるルーツをもつ子どもたちの教育　197
　　1．教育のなかで「違う」文化を受け入れる　197

第3節　社会的排除と闘うための教育　200
　　1．困難を抱える子どもたちを受け入れる　200
　　2．性的マイノリティの子どもたち　201

●演習課題「一人一人の多様性を大切にするために必要なことを考えてみよう」

索引　206

第1章

教育の意義
―ヒトは教育によって人間になる―

エクササイズ　　自由にイメージしてみてください

人間と動物の子育てに共通するところはどのような点でしょうか。また、人間の子育ての独自性はどのようなところにあると思いますか？

第1章 教育の意義―ヒトは教育によって人間になる―

学びのロードマップ

- 第1節・第2節
  オオカミに育てられた少女の話を紹介します。オオカミ少女と教育の関係を考えてみましょう。

- 第3節・第4節
  「人間になること」と教育のつながりを学びます。「人間らしさ」とは何かを探ってみましょう。

- 第5節・第6節
  人間らしさを考えるにあたっては「問い」へと開かれた姿勢が大切です。加えて、社会と個人の両方を視野に入れておくことが求められます。

- 第7節・第8節
  再びオオカミ少女の例に戻って、別の角度から教育を考えてみましょう。

この章の なるほど キーワード

■ **「人間らしさ」**…「人間らしさ」とは何か？という問いは、簡単なようでとても難しい問題です。人類が誕生してから現代に至るまで続く未完の課題です。

「自分らしさ」だって、いつも同じとはかぎらないですものね。

第1節　オオカミに育てられた少女？

　森でオオカミに育てられた2人の少女が、キリスト教の牧師に拾われて、人間の社会で生きていくために「教育」を受ける――このようなエピソードを聞いたことがありますか？

　この少女たちのようすは、『狼に育てられた子』という本に、詳しく紹介されています。2人を育てた著者のシング牧師（Singh, J. A. L.）によれば、拾われてきた当時の少女たちは、四つ這いで走る、生肉を食べる、木に登る、遠吠えをするなど、まるで獣のような行動を取っていたといいます。カマラと呼ばれた年上の少女でさえ、言葉を話すことはおろか、二本足で歩くことも、感情を理解することもできず、ほとんど「人間らしさ」を感じさせなかったというのです[1]。

『狼に育てられた子』
福村出版　1977年

　2人の少女を憐れに思ったシング牧師は、彼女たちを「人間にもどす」ための教育に取り組みます。一緒に生活するなかで、たとえば、服を着せたり、からだを洗ったり、言葉を教えたり、食べものを見せたり、二足歩行

シング牧師の夫人からビスケットをもらうカマラ

の訓練をしたり。残念ながら、アマラと呼ばれた年下の少女は、早くに病気で亡くなってしまいます。けれどもカマラのほうは、シング牧師による教育の甲斐あって、徐々に変化していったといいます。服を着たり、調理されたものを食べたり、簡単な言葉を話したり、二本足で歩いたり、感情を表現したり、おもちゃで遊ぶなど、カマラはだんだんと「人間らしい」ふるまいを学び、人間社会で暮らすことに慣れていったというのです[2]。

> **深めるワンポイント　オオカミ少女はほんとにいたの？**
>
> 　この奇妙なオオカミ少女のエピソードに関しては、これまで、さまざまな角度から真偽が問いただされてきました。たとえば心理学者の鈴木光太郎氏は、シング牧師による記述や写真を分析することで、このエピソードが牧師の作話であると結論しています[3]。フィクション作品に目を向けると、『ジャングル・ブック』や『ターザン』や『もののけ姫』など、人間以外の動物に育てられた子どもの話は、例に事欠きません。とはいえここでは、オオカミ少女のエピソードの真偽にはこだわらず、これまで教育学がこのエピソードから何を読み取ってきたのかを、引き続き見ていくことにしましょう。

第1章 教育の意義―ヒトは教育によって人間になる―

第2節　オオカミ少女と教育学

　実はこのエピソードは、これまで教育学の教科書のなかでたびたび紹介されてきた、大変有名なものです。とはいえ、なぜオオカミに育てられた少女たちのエピソードが、教育学の教科書に引用されているのでしょうか？　漫画や映画の題材にでもなりそうなこの奇妙な話が、教育とどのように関係しているというのでしょうか？　別の言い方をするなら、教育学の教科書のなかでこのエピソードを紹介するとき、著者は読者に何を伝えようとしているのでしょうか？　続きを読み進める前に、オオカミ少女のエピソードと教育の関係について、あなたの意見を書きとめておきましょう。

Q．オオカミ少女のエピソードと教育の関係とは？

....
....
....

　筆者が教職課程の授業でこの質問を投げかけたさい、受講生から返ってくる答えのうち、特に多いのはたとえば次のような答えです。

オオカミ少女のエピソードと教育の関係とは？（回答例）
①オオカミに育てられた子どもは、オオカミのように育ってしまう。育て方によって子どもの成長が決まる。教育者の責任は重大である。

②獣のようなふるまいをしていた少女も、教育によって、人間らしい生活ができるようになった。人間は教育によって変わることができる。

③「人間らしさ」は生まれつき備わっているものではなく、人間らしく生きるためには、人間による教育を受けなければならない。

　これらの意見はいずれも非常に重要なポイントを突いています。①は人間の発達における教育者の役割に目を向けています。②は人間が変わることができるということ、成長することができるという点を強調しています。③は「人間らしさ」が教育によって学ばれるものであることに注目しています。教育学の教科書の多くも、オオカミ少女のエピソードから、これらと同趣旨

の結論を導いています。オオカミに育てられた少女のエピソードは、人間が人間らしく生きていくうえで、教育が果たす役割の大きさと、教育者の責任の重さを、私たちに告げ知らせているのだというのです。

第3節　「人間になること」と教育

かつて哲学者のカント（Kant, I.）は、「人間は教育によってはじめて人間となる」と説きました[4]。オオカミ少女のエピソードは、まさにこの命題を証明してくれるものである、ということができそうです。ヒトの子どもは、人間によって育てられて教育を受けることで初めて、人間らしさを育まれてゆく。こうした観点から教育の意義を説明したとしても、あながち的外れではないように思われます。

カント（1724-1804）。ドイツの哲学者。主著に『純粋理性批判』など

この「人間になること」と教育の関連性を論じるさいに、オオカミ少女のエピソードと並んでよく引用されているのが、ポルトマン（Portmann, A.）が用いた「生理的早産」という概念です[5]。人間の赤ちゃんは、歩くことはおろか、立つことも座ることも、言葉を話すこともできない、未熟な状態で生まれてきます。このように赤ちゃんが未熟な状態で生まれてくることを、ポルトマンは「生理的早産」と呼んだのでした。赤ちゃんは、両親をはじめとする保護者の世話なくしては、母乳やミルクを飲むことも、危険から身を守ることも、服やオムツを替えることもできません。こうした事実からも、人間が「人間らしい」生活を送れるようになるためには、周囲の大人による養護と教育が不可欠であることを、読み取ることができるでしょう。

私たちの誰もが、両親をはじめとする誰かに、世話を受けて育ってきたのです

日本の教育基本法の前文にも、教育によって育成されるべき資質として、他のさまざまな徳性と並んで、「豊かな人間性」が掲げられています。また、同法の第1条には、教育の目的が「人格の完成」にあることが、明確に定められています。加えて、各学校の学習指導要領の総則にも、教育が児童生徒の「人間として調和のとれた育成」を目指すものであることが、明記されています。このように、現代の日本の教育もやはり、人間が人間らしさを養い「人間になる」という課題に照らし合わせて、役割と意義をとらえられていると見ることができます。

第4節 「人間らしさ」の定義

　とはいえ、私たちはここで1つの難問に直面することになります。人間になる、人間らしさ、人間性……ここでいわれている「人間」とは、何のことなのでしょうか？　教育によって育まれなければならないとされる、人間の人間としての特性とは何をいうのでしょう？　前節と同じようにここでも、まずは「人間とは何か？」というこの問題に関するあなた自身の意見を書きとめたうえで、先を読み進めることにしましょう。

Q．教育によって育まれるべき「豊かな人間性」とは？

　　　　　　　　　　　　　　　　　　　　　　　　　　　　　　　　　　
　　　　　　　　　　　　　　　　　　　　　　　　　　　　　　　　　　
　　　　　　　　　　　　　　　　　　　　　　　　　　　　　　　　　　

　人間の本質をめぐるこの問題は、古くから問われてきました。何を人間に固有の特性とするのか、思想家によって答えもさまざまです。なかでも有名な「人間らしさ」の定義を次にあげておきましょう。

人間の「人間らしさ」の定義とは？（回答例）
① 「神によって造られた神の似姿」（旧約聖書）
② 「社会的生活を営む動物」（アリストテレス）
③ 「理性・言葉をもつ動物」（アリストテレス）
④ 「ホモ・サピエンス（知恵ある人間）」（リンネ）
⑤ 「ホモ・ファーベル（工作する人間）」（ベルクソン）
⑥ 「ホモ・ルーデンス（遊戯する人間）」（ホイジンガ）

　また教育基本法の第2条には、「人格の完成」という目的を実現するための指針となる、個別の目標が定められています。ここにはたとえば、幅広い知識と教養、真理を求める態度、豊かな情操と道徳心、健やかな身体、創造性、自主自律の精神、勤労を重んじる態度などが、教育により養われるべき資質としてあげられています。さらには、正義と責任、男女の平等、自他の敬愛と協力を重んじながら、公共の精神にもとづいて社会の形成・発展に主体的に貢献する態度の育成も、並んで掲げられています。加えて、生命と自然の尊重や、環境保全に寄与する態度、伝統と文化の尊重、愛国心や郷土愛、

他国の尊重、国際社会の平和と発展に寄与する態度の育成も、やはり教育の目標として定められています。

このように、人間の定義をめぐる古代以来の思想や、教育基本法の内容などを検討することにより、教育によって育成されるべき「人間らしさ」あるいは「人間性」の正体に、いくらか光を当てることができるでしょう。

第5節　人間の本質をめぐる「開かれた問い」

1.「人間」を定義することの危うさ

けれども私たちは、「人間とは○○である」「人間性とは◇◇のことだ」といった明快な定義を与えることに、いつも慎重でなければなりません。

なぜなら、このように「人間らしさ」の定義を確定させたとたんに、この定義から漏れ落ちてしまう人々を、「人間ではない」何者かとして扱うことになるからです。実際に私たちは、人類の歴史のなかで、人種の違いや、国籍の違い、宗教の違い、思想の違いなどを理由に、人を人とも思わない支配、差別、迫害が、たびたび行われてきたことを知っています。加えて、人間が教育によって「初めて」人間になるのだとすれば、教育を受けるまえの子どもはまだ人間ではないのか、という問題も生じてくるでしょう。「人間とは○○である」という定義は常に、「○○でないものは人間ではない」という、排除の論理に結びつく危険をはらんでいるのです。

このため私たちは、「人間とは○○である」という定義を大上段に掲げるのではなく、普段使われている「人間」という言葉の緩やかな輪郭を、ていねいに見定めることから出発しなければなりません。現在私たちが日常生活のなかで使っている「人間」という言葉の輪郭は、上述のような支配、差別、迫害が行われてきた悲惨な歴史を経て、これらへの悔恨と反省を踏まえて徐々に定められてきたものです。また、たとえば「子どもの権利条約」などにも明確に定められているように、現代においては多くの国々や人々が、子どもにも人間としての権利を認めています。「人間らしさ」の定義という課題は、古代から現代まで続く未完の課題であり、この定義をめぐる探求の歴史のなかに、人類の英知が蓄積されているのだといえるかもしれません。

2. ボルノウの「開かれた問い」

　この「人間らしさ」の定義という課題に関して、現代ドイツの教育思想家ボルノウ（Bollnow, O. F.）は、人間の本質をめぐる探求は「開かれた問い」であり、特定の「答え」に満足することはできないと説いています[6]。

　たとえば私たちはいま、さまざまな言語、宗教、慣習などをもつ人々が、共に学び共に働くのが当然といえる社会に生きています。また、パソコンや携帯電話をはじめとする情報機器の進化は、日常のコミュニケーションや人間関係のあり方を、がらりと変えてしまいました。さらに、近年の人工知能（AI）の発達は非常に目覚ましく、近い将来、私たちと同じように考えたり話したりすることのできるロボットが、誕生するかもしれません。こうした社会、文化、技術の変革は、人間が「人間らしく」生きるとは何を意味するのか、「豊かな人間性」とは何をいうのかといった問題にも、大小の影響を与えずにはおきません。

　このため私たちは、さしあたりこの「人間」という言葉に与えられた意味を引き受けながらも、社会の諸状況やさまざまな出来事に照らし合わせて、現代社会における「人間らしさ」や「豊かな人間性」の輪郭を、常に問い改めていかなければならないのです。

第6節　個人の価値と尊厳

1. 民主主義にもとづく教育

　「人間らしさ」や「豊かな人間性」の輪郭を問い改めるに当たって、常に変わりゆく社会の状況と並んで、あるいはそれ以上に、重要な参照先となるのが、一人一人異なる個人の特性です。

　文部省による「教育基本法制定の要旨」（1947（昭和22）年）には、「人格の完成」を目的とする教育が、「個人の価値と尊厳との認識」にもとづく営みであることが、説明されています。第二次世界大戦後に制定された教育基本法は、戦前・戦中の国家主義にもとづく教育を転換するべく、民主主義

ふりかえりメモ：

にもとづく教育の礎となることを期待されていました。「個人の価値と尊厳との認識」にもとづく「人格の完成」という目的設定には、国家ではなく国民を主役とする教育の理念が明確に示されているといえるでしょう。

個人の価値と尊厳に重きを置くこの説明は、「人間らしさ」の形成としての教育の特徴を探求するうえでも、非常に重要な意義をもっています。国家の横暴によって個人の価値が軽んじられてはならないのと同じように、大上段に掲げられた「人間らしさ」の定義によって個人の尊厳が損なわれてはならないでしょう。現代の教育者には、さしあたり与えられた人間の特徴の説明を羅針盤としながら、個々の学習者の素質や特性などに照らして実践の進路を定めてゆくことのできる、開かれた姿勢が求められるのです。

2. 人間は定義より先に存在している

このような観点に立つとき、フランスの哲学者サルトル（Sartre, J.-P.）の「実存は本質に先立つ」という命題が、重要な意味を帯びてきます[*1]。この言葉の趣旨は、人間は「人間らしさ」が定義されるより先に存在していて、「人間とは何か？」は後から決定されるのだということです[*2]。人間は自分の本質を自分で作りあげなければならないのであり、どのように生きるべきかを自分で決める自由と責任を課されているのだというのです[7]。

サルトル（1905-1980）。フランスの哲学者・文学者。主著に『存在と無』など

だとすれば、単に一般論として設定された「人間らしさ」を子どもたちに押しつけることではなく、彼／彼女らが「人間らしく」生きるとはいかなることなのかを、個人の素質や特性などに照らして共に探求していくことが、教師に求められる重要な役割であるといえるかもしれません。

第7節　オオカミに育てられた少女・再考

このように、人間の本質あるいは「人間らしさ」の輪郭は、社会の状況と個人の特性の両方に照らし合わせて、たえず探求されなくてはなりません。「人間らしさ」の形成としての教育は、社会と個人という2つの要因に規定されているのです。この点について、再び「オオカミに育てられた少女」のエピソードに立ち戻って、別の角度から考えてみましょう。

このエピソードの興味深いところは、傍観者ではなく当事者として眺めてみると、また違った景色が見えてくることです。ここでは、オオカミに育て

[*1] 「実存」（仏：existence）とは、あるモノが「現実に存在している」ことを意味します。辞書には「実在」や「存在」や「生存」といった訳語も掲載されています。実存主義においては、特に人間が現実に存在していることをさして使われます。

[*2] ペーパーナイフのような道具は、人間とは異なって、本質が実存よりも先に決定されている、ということができます。ペーパーナイフを作ろうとする職人は、ペーパーナイフとはどのようなものなのか、何をするためのものなのかを知っています。したがってペーパーナイフは、ペーパーナイフとして存在するようになる以前から、先に「ペーパーナイフらしさ」を定義されていることになるわけです。

第1章 教育の意義―ヒトは教育によって人間になる―

られたカマラの視点と、彼女を養い育てたシング牧師の視点から、この話を眺めてみましょう。これら両方の視点に立ってみることにより、教育という営みが、どのように浮かびあがってくるでしょうか。

> **Q．オオカミに育てられた少女・再考**
>
> （1）もしもあなたがカマラだったら？
>
> 　あなたは人間の母親から生まれた少女ですが、オオカミの家族と一緒に、オオカミの巣穴で暮らしています。あなたは、シング牧師のような人に拾ってもらって、人間の社会で暮らせるように、教育を受けたいと思いますか？　あるいは、オオカミとして生きていきたいので、放っておいてもらいたいと思いますか？
>
> （2）もしもあなたがシング牧師だったら？
>
> 　あなたは、森のなかでオオカミと共に暮らしている、幼い人間の少女を見つけました。あなたは、少女たちを人間の社会に連れて帰り、人間らしい生活ができるよう、教育を施したいと思いますか？　あるいは、村に連れて帰ったり教育をしたりはせず、少女たちがオオカミとして生きていけるようにしたいと思いますか？

　教職課程の授業でこのような問いを投げかけると、個人によってもクラスによっても、受講者の意見は大きく分かれます。

　（1）に関しては、オオカミとして生きていくことを選ぶ受講生が、多数を占めるようです。家族（オオカミ）を殺され、棲家（巣穴）を壊されて、見知らぬ場所に連れていかれ、「人間らしい」生活を強要されるくらいなら、オオカミとして暮らしていくというのです。

　（2）に関しては、2人の少女を人間社会へ連れ帰りたいという意見が、多数派となります。2人はもともと人間なのだから、森のオオカミの巣穴に放っておくわけにはいかない、ちょっとでも「人間らしい」暮らしができるよう助けてやりたい、というわけです。

> 立場が変わったら意見が変わっちゃった！　親子のあいだでもこういうことがあるかもしれませんね。

　興味深いのは、こうして視点を移してみることによって、意見が180度変わる受講生が、多くいるということです。自分がカマラだったら森に放っておいてほしいが、自分がシング牧師だったら2人を助けたい、という受講生が非常に多いのです。シング牧師がオオカミ少女を教育したことは「やって

よかった」ことなのか、あるいは「やらないほうがよかった」ことなのか。視点を変えてみることで意見が変わるということから、これが簡単には答えを出せない難問であることがわかります。

第8節　教育をめぐる2つの視点

　カマラは「人間らしさ」を取り戻せてよかった、人間社会で暮らすことができてよかったというのは、人間の社会の視点にもとづく意見だといえます。これに対して、カマラは嫌がっていたのではないか、教育はカマラを幸せにしたのかと疑問を抱くことは、カマラ個人の視点に立ってみることです。前節までの議論からもすでに明らかなように、これら2つの視点は、いずれか片方「だけ」が正しいというものではありません*3。

　「人間らしさ」の形成としての教育に携わる教師には、この社会の視点と個人の視点、両方を兼ね備えていることが求められます。子どもの教育を考えるさい、個人の自由な意思が軽視されることがあってはなりませんが、彼／彼女が個性を発揮しながら自由に生きるためには、社会生活を営むための知識や技術もおろそかにはできません。もちろん、オオカミ少女の教育をめぐる問題のように、2つの視点から導かれる見解が矛盾することも、多くあるに違いありません。ときに対立し合う2つの視点のあいだで葛藤を抱えながら、日々の実践の航路を定めることを求められるという点に、教師の仕事の難しさと面白さがあるのだといえるでしょう。

＊3
この「教育はカマラを幸せにしたのか？」という問題を、正面から扱った著作として、教育学者の西平直氏による『教育人間学のために』があります。教育とは誰のための営みなのか？「人間になる」とはどういうことか？受験勉強は子どもを幸せにするか？──この本は「答え」よりもむしろ「問い」の重要さを教えてくれます。私たちが普段「わかったつもり」になっている、教育という営みの不思議、子どもという存在の謎に、もう一度出会いなおすために、ぜひ手に取ってみてほしい一冊です8)。

第1章 教育の意義—ヒトは教育によって人間になる—

 演習課題

Q 本章の議論を踏まえて、「人間らしさ」の育成としての教育にとって重要なことは何かを考えてみましょう。

ホップ あなたが現代の子どもたちに育んでほしい資質・能力を箇条書きにしてみましょう。

ステップ 上にあげた資質・能力がなぜ重要なのか、これらを育んでほしい理由を書きとめてみましょう。また、これについてグループでお互いの意見を聞きあってみましょう。

ジャンプ 上にあげた資質・能力を育むための実践の工夫について、自分なりに調べたうえで書きとめてみましょう。また、これについてグループでお互いの調査結果を聞きあってみましょう。

【引用文献】
1) J. A. L. シング（中野善達・清水知子訳）『狼に育てられた子　カマラとアマラの養育日記』福村出版　1977 年
2) 同上書
3) 鈴木光太郎『オオカミ少女はいなかった　心理学の神話をめぐる冒険』新曜社　2008 年
4) I. カント（三井善止訳）『人間学・教育学』玉川大学出版部　1986 年
5) A. ポルトマン（高木正孝訳）『人間はどこまで動物か　新しい人間像のために』岩波書店　1961 年
6) O. F. ボルノウ（浜田正秀訳）『人間学的に見た教育学　改訂第二版』玉川大学出版部　1971 年
7) J. -P. サルトル（伊吹武彦ほか訳）『実存主義とは何か　増補新装版』人文書院　1996 年
8) 西平直『教育人間学のために』東京大学出版会　2005 年

第2章
教育の目的

 エクササイズ　　自由にイメージしてみてください

もしあなたに子どもがいたら、どんな教育をしてあげたいと思いますか？
たとえば、習い事や塾に通わせますか？

第2章 教育の目的

この章のまとめ！

学びのロードマップ

- 第1節
  教育の目的に「普遍的なもの」はありません。

- 第2節
  教育の目的は時代や国によってさまざまでした。

- 第3節
  現代の教育の目的を考えるうえで大切な「日本国憲法」「教育基本法」「学校教育法」の内容を確認していきます。

- 第4節
  幼児教育施設における教育の目的を学びます。

- 第5節
  これからの教育の目的を深く考えるヒントを記しています。

この章の なるほど キーワード

■「人格の完成」…教育基本法の第1条では、教育の目的を「人格の完成」であると明示しています。

とはいうものの、「人格の完成」って具体的にはどんなことだろう？

第1節　はじめに

　教育の目的というと、歴史を超えて普遍的なものがあるように思えるかもしれません。しかし、実際は、子どもたちが生きる時代や文化によって、大きく制限を受けているのです。すなわち、教育の目的を学ぶということは、その時代を学び、その文化を学ぶことにつながります。

　他方で、教育の目的へのそうした考え方を批判し、教育独自の目的を探求していくことも考えられます。時代や文化に影響されない教育の目的があるのではないかということです。しかし、実際は教育とは何かという問いそのものが、その時代の制約を受けているのです。教育という概念が存在しない文化[*1]もあれば、その概念が現在と大きく異なる意味をもっていた時代[*2]もありました。ということは、教育の目的を考えていく場合、まずはそれぞれの時代における教育の目的を理解しておくことが重要になります。以下では、これまで教育の目的がどのように語られてきたかを概説していきましょう。

第2節　教育の目的の歴史

1. 学校教育以前の教育の目的

　教育の目的について、従来はどのように語られてきたでしょうか。大きく分かれるのは、子どもが学校に通って育っていた時代とそうではない時代です。フランスの歴史学者フィリップ・アリエス（Aries, P.）[*3]は、子どもとは近代以降成立した概念であり、それ以前には子どもという人生区分はなかったことを指摘しています。子どもは「小さな大人」と思われており、学校に通うことなく、大人と同じように働いていたのです。「小さな大人」が学校に通うようになることで初めて、子どもとして認識されるようになったのです。

『〈子供〉の誕生』みすず書房　1980年

　民俗学の研究などによると、学校教育ができる前は、自らが生まれた共同体に適応することが教育の目的といえました[*4]。共同体への適応とは、職業に必要な能力を学ぶことにつながります。日本においては、庶民の子どもは寺子屋で家業に必要な読み書き算を、武士の子どもは藩校で藩を治めるために必要なことを学んでいたことが典型的です。

　その後、近代に入ると、学校教育が成立し、その国に生まれたすべての子どもたちに同じ教育目的のもと、同じ教育を施すようになったのです。たと

[*1] 教育という概念が存在しない文化に関しては、文化人類学の視点からのヘアー・インディアンの研究がよく知られています（原ひろ子『子どもの文化人類学』晶文社　1979年）。

[*2] 教育を意味する"education"という言葉は、もともと西洋では「引き出すこと」や「養育すること」といった産婆や乳母の営みとして定義されていました。

[*3] フランスの歴史学者。1960年にフランスで出版された『〈子供〉の誕生』は、1980年に日本で翻訳され、「子ども」という概念に疑問をもちはじめていた日本の教育界に大きな影響を与えました。

[*4] 民俗学の子ども研究では柳田国男の研究成果がよく知られています。子ども関係の著作としては、「こども風土記」「母の手毬歌」「小さき者の声」「小児生存権の歴史」などがあげられます。

えば、17世紀に活躍したチェコの思想家コメニウス（Comeniu, J. A）*5は、あらゆる子どもにあらゆる教育を施すといった「国民教育」という考え方を提出したわけですが、これは身分に結びついた教育目的に対する抵抗といえます。この理念は、コメニウスの時代には達成されませんでしたが、近代に入って現実化したのです。

2. 学校教育における教育の目的

日本では、明治に入ると1872（明治5）年に「学制」*6が公布され、学校制度が導入されました。ここにすべての国民に教育を施すという考え方が始まります。その序文の「被仰出書（おおせいだされしょ）」に教育の目的が記されますが、そこには国民皆学、立身出世などが書かれています。この時代になって、すべての子どもに共通の目的によって、教育が行われるようになったのです。

その後1879（明治12）年に「教学聖旨（きょうがくせいし）」*7が起草され、学制以降、西洋化が中心だった教育において儒教的な価値観が強調されます。続いて、1890（明治23）年には「教育勅語」*8が出されます。これは教学聖旨の儒教的な道徳観の流れと、近代的な国家観の折衷から出されたものですが、道徳教育に重きを置いた教育観を打ち出した点が特徴的です。この教育勅語はその後、大正、昭和初期にかけて教育の目的となるわけですが、こうした時期の学校教育は日本の子どもたちを特定の目的に導いていくものだったといえるでしょう。

そうした教育の限界は敗戦というかたちで表面化し、戦後になって現代の教育の基本的なかたちが作られます。現代の教育において、その目的がどう語られているか、次節以降で論じていきます。

教育は、かつては個人のためというよりも国家のためという意味合いが強かったのですね。

第3節　法律から見る教育の目的

1. 日本国憲法

現代の日本の教育の目的を考えていくうえでは、「日本国憲法」*9「教育基本法」*10「学校教育法」*11を見ていく必要があります。本節ではその3つの法律について論じていきましょう。

まず、日本国憲法には、国が国民に対して守らなければいけない約束が書かれています。教育に関する約束は、第26条に以下のように記されています。

---

*5
17世紀に活躍したチェコの思想家。著書『大教授学』、『世界図絵』でよく知られています。すべての子どもたちに同じ教育を施そうという考え方から「近代教育学の父」と呼ばれています。

*6
1872（明治5）年に公布された日本に学校制度を導入した法律。当時の国民は学校教育の必要性を感じていないことから、理念と現実のギャップが激しく、度重なる教育令によって修正が図られました。

*7
元田永孚が起草した国民教育の基本精神。儒教道徳を軸とした教育目標が示されています。

*8
1890（明治23）年に出された戦前の国民教育の基本理念であり、天皇に尽くす臣民の育成が目的とされました。1948（昭和23）年の国会決議によってその効力は失われました。

*9
1946（昭和21）年に公布された日本の現行憲法。国民主権、基本的人権の尊重、平和主義を基本原則としています。

*10
1947（昭和22）年に公布された戦後教育の根本理念を表した法律。2006（平成18）年に全面的に改正され、「家庭教育」「幼児期の教育」などの項目が新たに設けられました。

*11
1947（昭和22）年に公布された戦後の学校教育の制度を定めた法律。戦前の分岐型制度に代わって、単線型制度が導入されます。2007（平成19）年に改正され、従来曖昧であった学校教育のなかでの幼稚園の位置づけが明確になりました。

> **日本国憲法**
> 第26条
> 　すべて国民は、法律の定めるところにより、その能力に応じて、ひとしく教育を受ける権利を有する。
> 　2　すべて国民は、法律の定めるところにより、その保護する子女に普通教育を受けさせる義務を負ふ。義務教育は、これを無償とする。

　まず、第1項の「能力に応じて、ひとしく」という文言は、さまざまな条件に関わらずひとしく教育を受けることができるという意味であり、もともと憲法第14条の「人種、信条、性別、社会的身分または門地」によって差別されないという条項を教育として具体化したものです。現在では、その意味も広がり、障害のある子ども、医療的ケアが必要な子どもも十分な教育が受けられると解釈されています。第2項は、義務教育に関する条項で、一般的には義務教育といえば子どもの義務と思われていますが、実際は保護者の義務ということがわかります。子どもが有しているのは、第1項で示されるような教育の権利になります。

　また、ここには教育の目的や目標は書かれていません。なぜなら、ここに書かれているのは上述のように国民への約束事だからです。その点については、別の法律に譲ることになります。

教育に関することは法律でこんなふうに決まっていきます。
日本国憲法
↓
教育基本法
↓
学校教育法
…

第10章の図（130ページ）も参考にしてください。

2. 教育基本法

　教育の目的が書かれている法律は、教育基本法です。第1条において、以下のように記されています。

> **教育基本法**
> 第1条
> 　教育は、人格の完成を目指し、平和で民主的な国家及び社会の形成者として必要な資質を備えた心身ともに健康な国民の育成を期して行わなければならない。

　ここに書かれている「人格の完成」という言葉は、「個人の価値と尊厳との認識にもとづき、人間の具えるあらゆる能力を、できる限り、しかも調和的に発展せしめること」を意味し、特定の価値観を押しつける教育とは異なる方向に向かう決意が読み取れます。

第2章 教育の目的

続いて第2条では、その目的を達成するための教育の目標として、以下の5つが記されています。

教育基本法

第2条
1　幅広い知識と教養を身に付け、真理を求める態度を養い、豊かな情操と道徳心を培うとともに、健やかな身体を養うこと。
2　個人の価値を尊重して、その能力を伸ばし、創造性を培い、自主及び自律の精神を養うとともに、職業及び生活との関連を重視し、勤労を重んずる態度を養うこと。
3　正義と責任、男女の平等、自他の敬愛と協力を重んずるとともに、公共の精神に基づき、主体的に社会の形成に参画し、その発展に寄与する態度を養うこと。
4　生命を尊び、自然を大切にし、環境の保全に寄与する態度を養うこと。
5　伝統と文化を尊重し、それらをはぐくんできた我が国と郷土を愛するとともに、他国を尊重し、国際社会の平和と発展に寄与する態度を養うこと。

また、義務教育の目的に関しては、第5条第2項として、以下のように記されています。

教育基本法

第5条第2項
　義務教育として行われる普通教育は、各個人の有する能力を伸ばしつつ社会において自立的に生きる基礎を培い、また、国家及び社会の形成者として必要とされる基本的な資質を養うことを目的として行われるものとする。

このように、義務教育は普通教育を行うものであり、その普通教育とは職業教育ではなく、社会で生きていくための基本的な教育という意味です。つまり、義務教育はすべての子どもに同じ教育を行うということあり、それは前述のように近代以降の教育の根本的な理念です。

その他、幼児期の教育に関しては第12条で、「幼児期の教育は生涯にわたる人格形成の基礎を培う重要なものである（以下略）」と記されており、幼児期の教育は、生涯にわたる教育の基礎であることが明確にされています。

以上のように、教育基本法には大まかな教育の理念が記されているのです。

3. 学校教育法

　先に述べたように、教育基本法は教育の理念を表したものですが、それを制度として具体化していくために制定された法律がいくつかあります。そのなかでも、学校制度について記された法律が「学校教育法」であり、この法律に具体的な教育の目的・目標が記されています。

　まず、学校教育法では第1条に学校*12とは何かを示し、第21条に義務教育の目標が記されています。上述の教育基本法に記された義務教育の目的を実現するために、10の項目が記されています。

*12
学校とは「幼稚園、小学校、中学校、義務教育学校、高等学校、中等教育学校、特別支援学校、大学及び高等専門学校とする」と定義されています。

学校教育法

第21条
　義務教育として行われる普通教育は、教育基本法（平成18年法律第120号）第5条第2項に規定する目的を実現するため、次に掲げる目標を達成するよう行われるものとする。

1　学校内外における社会的活動を促進し、自主、自律及び協同の精神、規範意識、公正な判断力並びに公共の精神に基づき主体的に社会の形成に参画し、その発展に寄与する態度を養うこと。
2　学校内外における自然体験活動を促進し、生命及び自然を尊重する精神並びに環境の保全に寄与する態度を養うこと。
3　我が国と郷土の現状と歴史について、正しい理解に導き、伝統と文化を尊重し、それらをはぐくんできた我が国と郷土を愛する態度を養うとともに、進んで外国の文化の理解を通じて、他国を尊重し、国際社会の平和と発展に寄与する態度を養うこと。
4　家族と家庭の役割、生活に必要な衣、食、住、情報、産業その他の事項について基礎的な理解と技能を養うこと。
5　読書に親しませ、生活に必要な国語を正しく理解し、使用する基礎的な能力を養うこと。
6　生活に必要な数量的な関係を正しく理解し、処理する基礎的な能力を養うこと。
7　生活にかかわる自然現象について、観察及び実験を通じて、科学的に理解し、処理する基礎的な能力を養うこと。
8　健康、安全で幸福な生活のために必要な習慣を養うとともに、運動を通じて体力を養い、心身の調和的発達を図ること。
9　生活を明るく豊かにする音楽、美術、文芸その他の芸術について基礎的な理解と技能を養うこと。
10　職業についての基礎的な知識と技能、勤労を重んずる態度及び個性に応じて将来の進路を選択する能力を養うこと。

第 2 章 教育の目的

　続いて第22条以降は幼稚園について記されています。第22条に、幼稚園の目的が以下のように記されています。

学校教育法
第22条
　幼稚園は、義務教育及びその後の教育の基礎を培うものとして、幼児を保育し、幼児の健やかな成長のために適当な環境を与えて、その心身の発達を助長することを目的とする。

　すなわち、幼稚園には、義務教育のみならず、生涯にわたる教育の基礎を培う役割があることがわかります。「幼児を保育し」という言葉は、幼稚園における教育が小学校以降と明確に異なることを表しています。また、「適当な環境を与えて」という言葉は、幼稚園における教育は授業によって子どもたちに知識や技能を教えるのではなく、保育者が適切な環境を構成し、そこで子どもたちが主体的に遊びながら学んでいくことを示しています。
　続いて第23条では、第22条の目的を達成するための目標として、以下の5項目が記されています。

学校教育法
第23条
1　健康、安全で幸福な生活のために必要な基本的な習慣を養い、身体諸機能の調和的発達を図ること
2　集団生活を通じて、喜んでこれに参加する態度を養うとともに家族や身近な人への信頼感を深め、自主、自律及び協同の精神並びに規範意識の芽生えを養うこと
3　身近な社会生活、生命及び自然に対する興味を養い、それらに対する正しい理解と態度及び思考力の芽生えを養うこと
4　日常の会話や、絵本、童話等に親しむことを通じて、言葉の使い方を正しく導くとともに、相手の話を理解しようとする態度を養うこと
5　音楽、身体による表現、造形等に親しむことを通じて、豊かな感性と表現力の芽生えを養うこと

ふりかえりメモ：

*13 領域は小学校以降の教科と比較されることが多いのですが、保育者が子どもに教える内容を示しているのではなく、保育者が子どもの経験をとらえる観点といえます。当初は6領域でしたが、1989（平成元）年の改訂で現行の5領域となりました。

この5項目は、幼稚園の教育内容を示す5領域、すなわち「健康」「人間関係」「環境」「言葉」「表現」に該当することがわかるでしょう*13。それぞれの項目の詳しい内容については、各領域に関する授業で学んでください。

また、第29条では、小学校の目的として、「小学校は、心身の発達に応じて、義務教育として行われる普通教育のうち基礎的なものを施すことを目的とする」と記されています。以降、中学校、高等学校、特別支援学校、大学については、それぞれ45条、50条、72条、83条に記されています。

第4節　保育内容から見る教育の目的

1．幼稚園教育要領

前節で述べた学校教育法は、大枠の制度に関する目的や目標であり、実際の教育内容までは記されていません。幼稚園の教育内容は「幼稚園教育要領」*14に定められています。

*14 1948（昭和23）年に出された保育要領を前身とし、1956（昭和31）年に刊行されたものです。1964（昭和39）年の第1次改訂で告示化され、1989（平成1）年の第2次改訂で6領域が5領域に、1998（平成10）年の第3次改訂で子育て支援や預かり保育の制度化、2008（平成20）年の第4次改訂では教育基本法改正のなかでの前要領の進化となり、今回の改訂に至ります。

幼稚園教育要領は、2017（平成29）年に5回目の改訂が行われ、2018（平成30）年度から本格実施になります。この新しい幼稚園教育要領には、冒頭に前述の教育基本法第2条の教育の目標が記され、全体の教育目標のなかでの幼稚園教育の位置づけを明確にしています。

また、この新しい幼稚園教育要領の特徴として「幼児期の終わりまでに育ってほしい姿」（10の姿）が記されるようになったことがあげられます。

幼児期の終わりまでに育ってほしい姿

「10の姿」は、今回の要領で初めて記されるようになったものですが、幼稚園が終わったときの子どもたちの姿を小学校教員と共有することにより、小学校との接続を一層強化することを目的としています。文部科学省の説明

ではこの姿が到達目標ではないことや、各項目を個別に指導するものではないことが強調されています。また、10の姿は5領域から取り出されており、これまで各領域を関連させながら園の生活全体で総合的に育てていたものです。それらをあえて項目として提示していることから、子どもたちの到達目標と解釈されてしまう危険性もあり、この項目を使用した到達度評価が行われてしまうかもしれません。幼稚園教育の目的は学校教育法第22条、目標は同第23条であり、ここに記された「姿」はあくまでも小学校との連携の便宜上のものであることを十分に理解しておく必要があります。

「10の姿」は到達目標ではありません！
ご注意を！

2. 保育所保育指針、幼保連携型認定こども園教育・保育要領

　日本の就学前教育の機関は幼稚園だけではありません。福祉の機関である保育所も、教育の機関でもあることが明確になってきていますし[15]、認定こども園も教育と福祉を両方行う機関です。これらに関して幼稚園の幼稚園教育要領に該当するのが、保育所では「保育所保育指針」[16]、幼保連携型認定こども園[17]では「幼保連携型認定こども園教育・保育要領」[18]になります。

（1）保育所保育指針

　保育所保育指針も、幼稚園教育要領と同様に2017（平成29）年に改定され、2018（平成30）年度より施行されます。新しい保育所保育指針においては、まず第1章 総則の「(2)保育の目標」において次のように明記されています。

保育所保育指針

第1章 総則　(2)保育の目標

　保育所は、子どもが生涯にわたる人間形成にとって極めて重要な時期に、その生活時間の大半を過ごす場である。このため、保育所の保育は、子どもが現在を最も良く生き、望ましい未来をつくり出す力の基礎を培うために、次の目標を目指して行わなければならない

　この説明の後に「生命の保持」と「情緒の安定」を意味する「養護」と、幼稚園と同様の5領域を加えた6つの目標が記されています。続いて、保育所は入所する子どもの保護者に対しても援助に当たらなければならないことが記されており、子育て支援も保育所の目標であることが明確にされていま

---

*15
1963（昭和38）年に厚生省と文部省（両者とも当時）は「幼稚園と保育所の関係について」を共同通知として出すことで、保育所でも満3歳以上の子どもには幼稚園教育要領に準じて行うことが望ましいとしました。また、今回の保育所保育指針の改定においては、「幼児教育を行う施設」という表現が明記されています。

*16
保育所の保育内容は、1948（昭和23）年には児童福祉施設最低基準のなかに記されていました。その後1950（昭和25）年には保育所運営要領、加えて1952（昭和27）年には保育指針が制定され、それらにも保育内容が記されていました。その後、1965（昭和40）年に保育所保育指針が制定され、その後3次にわたる改定を経て、2017（平成29）年に4次改定が行われ、2018（平成30）年度より施行されます。

*17
2006（平成18）年からの認定こども園の制度のなかで定められました。2015（平成27）年度から施行された子ども・子育て支援新制度においてその中心的な位置を占めています。

*18
2014（平成26）年に告示された、幼保連携型認定こども園の教育・保育内容を定めたものです。幼稚園教育要領と保育所保育指針と同様に2017（平成29）年に改訂、告示され、2018（平成30）年度より施行されます。

す。そのほか、前項で述べた「幼児期の終わりまでに育ってほしい姿」が記されています。

（2）幼保連携型認定こども園教育・保育要領

　幼保連携型認定こども園教育・保育要領も同様の流れで改訂、施行されます。そこでは総則の第2として、「義務教育及びその後の教育を培うとともに、子どもの最善の利益を考慮しつつ、その生活を保障し、保護者とともに園児を心身ともに健やかに育成するものとする」と記され、第3として「幼児期の終わりまでに育ってほしい姿」も記されています。

　このように、今回の改訂・改定の特徴は、就学前教育の教育・保育内容を示す3つの文書に統一性をもたせていることです。教育基本法で幼児期の教育が「生涯にわたる人格形成の基礎」と位置づけられたわけですが、それは幼稚園、保育所、認定こども園に同様に当てはまります。すべての就学前教育機関に共通する水準として「幼児期の終わりまでに育ってほしい姿」を示しているといえます。

第5節　おわりに

　現在、教育の目的を語る際にしばしば話題になるのが、人工知能（AI）に取って変わられる仕事[19]、あるいはこれから存在するようになる仕事[20]についてです。またこれまでも、産業構造の変化によって、必要な仕事の種類も変わってきました。教育目的に関する議論では、しばしば時代によって人間に求められる能力は変化し、より高度化していくということが強調され、そうした能力をどのように育てていくかという視点で語られます。

　ただ、これらの議論で欠けているのは、教育がそうした変化の外側にいるのではなく、内側にいるという視点です。つまり、人間が人間に働きかけて変容を促していくといった教育そのものがなくなる可能性もあるのです。教育の目的が時代によって変わるだけではなく、教育そのものが時代の制約を受けており、普遍的なものではないのです。そうした点も視野に入れることで、教育の目的をより深く考えることができるでしょう。

[19] オックスフォード大学のマイケル・A・オズボーン准教授らが論文「未来の雇用」において、アメリカ総雇用者の47％の職業が自動化されると論じました（中央教育審議会　初等中等教育分科会配布資料より）。

[20] デューク大学のキャシー・デビッドソン教授は、ニューヨーク・タイムズのインタヴューのなかで、子どもたちの65％は将来、今は存在していない職業に就くと述べています（中央教育審議会　初等中等教育分科会配布資料より）。

第2章 教育の目的

Q 学校教育法第21条の1～10の項目と、幼稚園教育要領等にある「幼児期の終わりまでに育ってほしい姿」（10の姿）を比べてみましょう。

ホップ　2つを比べてみて、似ているところや共通していること、異なる点など、自分なりに気づいたことを箇条書きにしてみましょう。

....
....
....
....

ステップ　ホップで書き出したことをグループごとに話し合ってみましょう。

....
....
....
....

ジャンプ　幼児教育と小学校教育がつながっていることについて、長所と短所を考えて文章にまとめてみましょう。

....
....
....
....

【参考文献】
フィリップ・アリエス『〈子供〉の誕生』みすず書房　1980年
文部科学省『幼稚園教育要領』フレーベル館　2017年
厚生労働省『保育所保育指針』フレーベル館　2017年
内閣府、文部科学省、厚生労働省『幼保連携型認定こども園教育・保育要領』フレーベル館　2017年
山住正己『日本教育小史』岩波書店　1987年

第3章
教育と児童福祉のつながり

 エクササイズ　　　自由にイメージしてみてください

アンデルセンの童話「マッチ売りの少女」のストーリーを思い出してください。もし、主人公の女の子（仮に身寄りのない7歳児とします）を助けるとしたら、あなたはどのような支援を行いますか？

第3章 教育と児童福祉のつながり

この章のまとめ！

学びのロードマップ

- 第1節
  教育と福祉の関係について考えます。

- 第2節
  福祉の視点から保育をみて、日本国憲法や児童福祉法、児童の権利に関する条約を学びます。

- 第3節
  少子化対策と子育て支援について概要を押さえます。

この章の なるほど キーワード

■ **「教育と福祉の一体化」** …教育か福祉か、といった二者択一的な提供ではなく、教育と福祉を一体的に提供することが望ましいとするのが、世界的な流れになっています。

教育も福祉もどちらも大切です。1つの輪として育ちを支えていきましょう。

第1節　教育と福祉の関係？

　教育と福祉という言葉を並べると、その2つの言葉は大きく異なる意味をもっているように思えます。他方で、幼稚園と保育所という言葉を並べてみましょう。すると、その2つの言葉は非常に近しいものに見えます。それでは教育と福祉、幼稚園と保育所は、どのような関係にあるのでしょうか。

　幼稚園は文部科学省の管轄で、学校の一つであり、教育のための機関です。一方で、保育所は厚生労働省の管轄で、児童福祉施設[*1]の一つであり、福祉のための機関です。つまり、現代の就学前の教育や子育ては、教育と福祉がその両輪になっているということです。また、現在では、幼稚園においても福祉の要素、保育所においての教育の要素が不可欠になっています。幼稚園では、預かり保育[*2]として、多くの園で正規の教育が終わった後にも子どもたちを預かっていますし、保育所も満3歳以上は幼稚園と同じように教育をすることになります。その他、その2つを両立した認定こども園もあります。

　本章では主に就学前における福祉について論じ、そのなかで教育と福祉の関連性について概説していきます。

第2節　福祉としての保育

1. 日本国憲法

　就学前における福祉を考えていくうえで、まずは日本国憲法について論じていきましょう。福祉に関する条項は、第25条に記されています。

日本国憲法

第25条
　すべて国民は、健康で文化的な最低限度の生活を営む権利を有する。
　2　国は、すべての生活部面について、社会福祉、社会保障及び公衆衛生の向上及び増進に努めなければならない。

　第2章で述べたように、憲法とは国から国民に対する約束事です。よって、国はこの条項を守らなければならないはずですが、周知のように都市部を中心に保育所に入りたいのに入れない「待機児童」が問題となっています。保育所は福祉であり、その提供は国の国民に対する約束ですから、国がその約

[*1] 児童福祉施設については、児童福祉法第7条において「この法律で、児童福祉施設とは、助産施設、乳児院、母子生活支援施設、保育所、幼保連携型認定こども園、児童厚生施設、児童養護施設、障害児入所施設、児童発達支援センター、児童心理治療施設、児童自立支援施設及び児童家庭支援センターとする」と記されています。

[*2] 幼稚園において正規の教育課程の時間以外に行う教育活動のことです。正規の教育時間ではないにもかかわらず、幼稚園教育要領（第2章参照）に位置づけられています。平成26年度現在では、全体で82％、私立幼稚園では95％の園が実施しています。政府の待機児童対策の一つとして奨励されてきました。

束を果たしていないことになります。他方で、保育所に入れないということはありますが、小学校に入れないという話は聞きません。よって現状では、第26条の義務教育に関する約束はおおむね果たされていますが、第25条の約束は果たされていないといえます[*3]。

2. 児童福祉法

憲法第25条に関連する、とりわけ子どもに関する約束事は「児童福祉法」によって具体化されています。児童福祉法は、保護を必要とする子どもたちのみならず、すべての子どもたちの福祉の実現を目指すという理念から、1947(昭和22)年に制定された法律です。第1条において、「すべての国民は、児童が心身ともに健やかに生まれ、且つ、育成されるよう努めなければならない」と記されており、この理念は当時としては画期的なものでした。

この児童福祉法は、幾たびの改正を経て、2016(平成28)年に大きく改正されます。具体的には児童虐待への対応の強化が目立ちますが、上述の理念が大きく転換されています。第1条は以下のように改正されました。

児童福祉法

第1条
　全て児童は、児童の権利に関する条約の精神にのつとり、適切に養育されること、その生活を保障されること、愛され、保護されること、その心身の健やかな成長及び発達並びにその自立が図られることその他の福祉を等しく保障される権利を有する。

従来の児童福祉法は守られるべき子ども観を打ち出し、受動的な権利が強調されていましたが、この改正において、子ども自身が適切な成長・発達する権利を有するという、能動的な権利が強調されています。すなわち、子どもが社会によって守られる客体ではなく、社会に参加する主体として想定されているのです。この点は、「児童の権利に関する条約」の理念を反映しているのですが、この条約については後に詳述します。

また、児童福祉法では、第36条より44条まで、各児童福祉施設[*4]の定義が記されており、保育所は第39条に記されています[*5]。

「児童の権利に関する条約」の理念のキーワードが「児童の最善の利益」です。

[*3] 具体的には、児童福祉法第24条に「市町村は、(中略)、その監護すべき乳児、幼児その他の児童について保育を必要とする場合において、(中略)、当該児童を保育所(中略)において保育しなければならない」と記されています。

[*4] 保育所以外の児童福祉施設としては、第37条の乳児院、第38条の母子生活支援施設、第41条の児童養護施設、第42条の障害児入所施設などが記されており、幼保連携型認定こども園も第39条第2項に記されています。

[*5] ちなみに、社会福祉法によると福祉施設は、主に入所サービスで、利用者への影響が大きく、利用者の保護の必要性が高い第1種社会福祉事業と、主に通所サービスで、比較的利用者への影響が小さいため、公的規制の必要性が低い第2種社会福祉事業に分かれます。保育所はその区分では第2種に入ります。

> **児童福祉法**
> 第 39 条
> 　保育所は、保育を必要とする乳児・幼児を日々保護者の下から通わせて保育を行うことを目的とする施設（中略）とする。

　以前は保育所に入所できる子どもに対して「保育に欠ける」という文言が使われていましたが、後に詳述する子ども・子育て支援新制度の導入の際の児童福祉法改正によって、「保育を必要とする」という文言に変更されています。

　その他、児童福祉法では保育士の定義も以下のように記されています。

> **児童福祉法**
> 第 18 条 4
> 　保育士とは、(中略) 保育士の名称を用いて、専門的知識及び技術をもつて、児童の保育及び児童の保護者に対する保育に関する指導を行うことを業とする者をいう。

　保育士が専門的な知識と技術を有していること、そして子どもの保育だけではなく、子どもの保護者への指導もその仕事であることが記されています。こうした専門性を有した保育士への社会的要請の高まりから、保育士は 2003（平成 15）年より国家資格として位置づけられているのです。

3. 児童の権利に関する条約　－子どもの最善の利益－

　前述のように、2016 年改正の児童福祉法は、「児童の権利に関する条約」の理念を反映したものです。この条約は、1989 年に国連で採択されたもので、日本は 1994 年に批准しています。

　子どもの権利に関連する条約は、従来も 1924 年の「児童の権利に関するジュネーブ宣言」、1959 年の「児童の権利に関する宣言」などがありました。それらでは、主に子どもが病気、飢餓、犯罪といった劣悪な環境から保護され、守られる権利が打ち出されていました。こうした権利は、前述の 1947 年制定時の児童福祉法にも当てはまります。

　「児童の権利に関する条約」が特筆に値するのは、権利を行使する主体としての子ども観を打ち出しているという点です。たとえば、12 条の意見表明権、13 条の表現の自由、14 条の思想・良心の自由、15 条の集会・結社の自由などがよく知られています。

なかでも第3条で、「児童の最善の利益が考慮されるもの」とされています。すなわち、子どものための政策等は、大人の都合ではなく、子どもの最善の利益から考える必要があるということを表しています。

この条約に批准したことによって、日本において子どもの福祉は新たなる段階に入ったといえるでしょう。

4. 児童福祉から子ども家庭福祉へ

これまで述べてきたように、児童福祉法制定当時の理念は、子どもは守られるべき存在であり、子ども本人を福祉の対象とするという考え方でした。守られるべき、受動的な子ども観を前面に出していたのです。しかし、子ども本人を直接対象とした福祉のみでは、その理念の実現には程遠いということが明らかになりました。そうしたことから、子どもが育つ家庭や地域社会まで福祉の対象とすることで、その理念の実現を目指すようになりました。こうして児童家庭福祉という言葉が定着したのです。その後、前述の「児童の権利に関する条約」の影響から、権利主体としての子ども観が主流になります。そのイメージを前面に出すために「子ども」という言葉が使われるようになり、「子ども家庭福祉」という言葉が定着していきます。

以上のような福祉観の変遷は、子どもたちを劣悪な環境から守るウェルフェアの思想から、すべての子どもたちがよりよく生きるウェルビーイングの思想への理念の転換を表しています。すなわち、現代の福祉は、よりよく生きるという教育の領域に浸透していることがわかるでしょう。

 ふりかえりメモ：

第3節　子育て支援と少子化対策

1. 1.57ショック

　日本では、いわゆる「団塊の世代」が生まれた1947（昭和22）～1949（昭和24）年の第1次ベビーブームでは、合計特殊出生率[*6]が最高4.32という数字でした。1966（昭和41）年の丙午では迷信の影響から1.58という数字でしたが、すぐに回復し、1973（昭和48）年前後には第2次ベビーブームとなりました。その後、次第に合計特殊出生率は減り続け、1989（平成元）年にはそれまで最低だった丙午を下回り、1.57ショックといわれています（図3－1）。

　1.57ショックの影響から、国は1990年代に入ってから、本格的に少子化対策に乗り出します。しかし、図を見ればわかる通り、この状況は以前からわかっていたことです。にもかかわらず対策に踏み込まなかった理由として、戦前を彷彿させるような政策を回避した点があげられます。1941（昭和16）年に人口政策確立要綱が出され、「産めよ増やせよ」というスローガンのもと、人々の命が国力として計られることになったのですが、少子化対策にはこうした視点が含まれてしまいます。また、1985（昭和60）年に制定された男女雇用機会均等法[*7]の影響もあり、女性のライフスタイルを制限するような政策を打ち出せなくなったこともあげられます。

　しかし、1.57ショックはそうした妥当な考え方を打ち砕くほどの衝撃を与えたのです。少子化の影響は、納税者の減少、消費者の減少による内需の縮小、社会保障の担い手の減少など、教育や子育ての領域にとどまらず、経済

[*6] 1人の女性が一生の間に産む子どもの数をさし、人口維持にはおおむね2.08が必要とされます。ちなみに、最低は2005年の1.26で、その後徐々に回復しているように見えますが、実際の出生数は低下傾向であり、最新の2016年には100万人を切っています。

[*7] 労働者が募集・採用時、あるいは配置・昇進・昇給などの際に、性別による差別をなくすべく定められた法律です。この法律より、女性の社会進出が後押しされることになります。

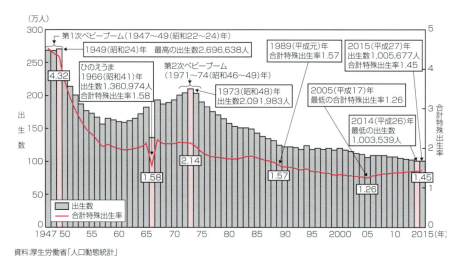

図3－1　わが国の人口推移

出典：厚生労働省「人口動態統計」2017年

第3章 教育と児童福祉のつながり

や社会保障への打撃は甚大なものです。よって、国はさまざまな対策を打ち出さざるを得なくなります。それ以降、保育の政策と少子化対策とを切り離せなくなったのです。

2. 少子化対策の時代

　少子化対策としてまず打ち出されたのは、1994（平成6）年の「エンゼルプラン」です。そこでは仕事と子育ての両立支援が中心となり、保育所の拡充などが中心でした[*8]。その後、1999（平成11）年には「新エンゼルプラン」が出され、同様な方針のなかで育児休暇の改善や雇用環境などにも広げています。続いて、2003（平成15）年に「次世代育成支援対策推進法」「少子化社会対策基本法」など次々と政策が出されます。その後、閣議決定としての「少子化社会対策大綱」、2004（平成16）年にはそれを具体化した「子ども・子育て応援プラン」が出されます。

　その後、2010（平成22）年に「子ども・子育てビジョン」[*9]が出され、少子化対策は新しい時代に入ります。「子ども・子育て新システム検討会議」がスタートし、新しいシステムにおいて、就学前教育の諸問題を解決することを目指します。こうして少子化対策は新たな段階に入ったのです（図3-2）。

[*8] 保育所を拡充しても少子化の歯止めがかからないなか、1998（平成10）年の厚生白書では「3歳児神話には、少なくとも合理的根拠は認められない」という文言があらわれます。また、1999（平成11）年には有名な男性ダンサーを起用した「育児をしない男は、父親とは呼ばない」という父親の育児参加のキャンペーンが行われました。

[*9] 2010（平成22）年に閣議決定されたもので、日本の子育ての理念を、従来的な「家族や親が子育てを担う」から「社会全体で子育てを支える」へと大きく転換したものです。この理念は後の子ども・子育て支援新制度において具体化されます。

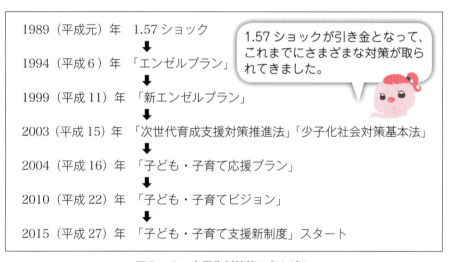

図3-2　少子化対策等の主な流れ

出典：筆者作成

3. 子ども・子育て支援新制度

　「子ども・子育て新システム」についての議論は進み、日本の少子化対策

は子育て支援として行われるようになります。その後2012（平成24）年には子ども・子育て関連3法が成立し、2015（平成27）年度より、「子ども・子育て支援新制度」が開始されます。「子ども・子育て支援新制度」の特徴として、第1に幼稚園、保育所、認定こども園共通の施設型給付[*10]の創設、第2に小規模保育[*11]、家庭的保育[*12]、居宅訪問型保育[*13]、事業所内保育[*14]に共通の地域型保育給付[*15]の創設、第3に幼保連携型認定こども園の充実、第4に地域子ども・子育て支援事業[*16]の充実があげられます。

　すなわち、単に幼稚園、保育所、認定こども園を充実させるだけではなく、多様な子育てのあり方を提示し、それぞれを補助するという方向が取られたのです。たとえば、「新システム」の議論の当初は「総合こども園」という名で幼保一元化の方向でしたが、結局は幼稚園と保育所を残して幼保連携型認定こども園を充実させるといった三元化であり、また、小規模保育や事業所内保育など地域の実情に応じて多様な保育を認めていく方向にあります。その背景としては、都市部における待機児童の解消、人口減少地域における子育て機能の維持、より少子化が進んだ場合のランニングコストの回避などがあげられます。

4. 小学校と福祉

　最後に、小学校における教育と福祉について見ていきましょう。近年まで、教育や子育ての領域で、教育と福祉が両輪となるのは、就学前までと思われていました。しかし、保育所に入っていた子どもが、小学校に入ると「学童」に入ることができない、「小1の壁」という問題もよく知られています。

　この「学童」、すなわち「放課後児童クラブ」[*17]は福祉の事業であり、厚生労働省で管轄し、社会福祉法人などが運営しています。また、すべての子どもが利用できる居場所として、文部科学省管轄の「放課後子供教室」[*18]もありますが、現在では放課後子ども総合プランとして両者の融合が図られており、「小1の壁」の解決が試みられています。ここにも教育と福祉の接近を見ることができます。

　以上のように、教育と福祉は就学前の教育や子育ての両輪となっていました。しかし、現状は両輪ではなく、両者が1つの輪として子どもの育ちを支えるものとなっています。また、OECDの「乳幼児期の教育とケア（ECEC）」の一連の調査[*19]や、同団体のPISA[*20]において教育と福祉が一体化した国が高得点だったことの影響もあり、世界的に就学前の教育と福祉を一体的に提供することを望ましいとする流れになっています。

＊10 幼稚園、保育所、認定こども園を通じた共通の財政措置です。これまでは保育所は保育所運営費、幼稚園は私学助成がありましたが、それらの制度は残しつつ、共通の給付を導入しました。

＊11 利用定員6人から19人までの保育施設で、対象は0〜2歳です。職員数、職員の資格などからA型、B型、C型に分けられます。A型とB型は保育所の配置基準より1名多く保育に携わる職員を配置することで、手厚い保育を可能にしています。

＊12 利用定員5人以下で、対象は0〜2歳です。家庭的保育者が保育に携わります。

＊13 保育を必要とする子どもの自宅で保育を行う事業です。集団保育が困難な場合、地域的な事情で保育所の利用が難しい場合に行われます。

＊14 会社の事業所などのなかにある保育施設で、定員20名以上は保育所と同様の基準、19名以下は小規模保育A型、B型と同様の基準です。地域枠も設けられており、地域の子どもたちも通うことができます。

＊15 都市部の待機児童、人口減少地域の子育て機能の衰退など、地域の実態に応じた多様な保育への財政措置です。

第3章 教育と児童福祉のつながり

　他方で、教育と福祉を1つの輪として考えた場合、片方がおろそかになる危険性もあります。とりわけ、相対的貧困率が高い推移で動いている現在、福祉が十分に行き届いていない子どもが出てくるかもしれません。こうした点に配慮したうえで、1つの輪として支えていく必要があります。

レッツトライ　　演習課題

Q 「小1の壁」についてさらに考えてみましょう。

ホップ　「小1の壁」と女性の就労について調べて、あなたの思うことを箇条書きにしてみましょう。

....
....
....

ステップ　ホップで書き出したことをグループごとに話し合ってみましょう。

....
....
....

ジャンプ　「小1の壁」と女性の就労について、考えたことや話し合ったことをもとに文章にまとめてみましょう。

....
....
....
....

【参考文献】
柏女霊峰『子ども・子育て支援制度を読み解く』誠信書房　2015年
外務省『児童の権利に関する条約　全文』
　　http://www.mofa.go.jp/mofaj/gaiko/jido/zenbun.html
保育福祉小六法編集委員会編『保育福祉小六法　2017年度版』みらい　2017年
OECD編『OECD保育白書　－人生の始まりこそ力強く：乳幼児期の教育とケア（ECEC）の国際比較』明石書店　2011年
松田茂樹『少子化論　－なぜまだ結婚、出産しやすい国にならないのか』勁草書房　2013年

---

* **16** 地域の実態に応じた子育て支援のことで、利用者支援事業、一時預かり事業、乳児家庭全戸訪問事業、病児保育事業、放課後児童クラブなど13事業を指します。

* **17** 児童福祉法第6条では、放課後児童健全育成事業として、「小学校に就学している児童であって、その保護者が労働等により昼間家庭にいないものに授業の終了後に児童厚生施設等の施設を利用して適切な遊び及び生活の場を与えて、その健全な育成を図る事業」と記されています。

* **18** 地域の大人の協力を得て、学校等を活用し、緊急かつ計画的に子どもたちの活動拠点を確保し、放課後や週末等におけるさまざまな体験活動や地域住民との交流活動等を支援するものです。

* **19** 「人生の始まりこそ力強く」というテーマでOECD（経済協力開発機構）が「乳幼児期の教育とケア（ECEC）」の継続的調査を行っています。そのなかで、教育と福祉が一体化した質の高い保育の必要性が述べられています。

* **20** PISAとはOECDが行う学習到達度調査のことです。3年に1回、15歳を対象とし、主に読解力、数学的リテラシー、科学的リテラシーの3分野について調査を行っています。

第4章
人間形成と家庭・地域・社会

エクササイズ　　自由にイメージしてみてください

みなさんの住んでいる地域にはどのような特色がありますか？　自分の住む地域の素敵なところをお互いに伝え合ってみましょう。

第4章 人間形成と家庭・地域・社会

学びのロードマップ

- ●第1節
  子どもの教育の責任は一義的には保護者にあります（教育基本法）。それを踏まえたうえで、保育者や教師には家庭や地域、社会との連携を通した教育が求められています。

- ●第2節
  なぜ、家庭や地域、社会との連携が必要なのかを考えます。

- ●第3節
  連携によって子どもたちにどのような育ちがみられるかを考えます。

この章の なるほど キーワード

■「**互恵性**」…恩恵を相互にはかりあうことです。園や学校が家庭・地域等と連携することによって、子どもが育っていくだけでなく、大人たちも育てられていくというメリットがあります。

社会のみんなで共に子どもを育てていこうという姿勢が大切です。

第1節 「家庭と連携する」ということ

1. 法律における定義と実際

(1) 保護者と子育てを取り巻く状況

　保育者は、保護者から次のような相談を受けることがあります。

　「うちの子、トイレでまだ一人でお尻を拭くことができないのだけど、どうしたらいい？」「昨日も、園で○○くんとけんかになって、かみついたみたい。かみつきをやめさせるために家庭でできることは？」といったものです。

　保育者は、幼児教育・保育の専門家ですから、その専門性にもとづき、あるいは保育者としての経験から、その問いに答えることが可能かもしれません。しかし、その問いに明確に答えてあげることよりも、保育者が「私も一生懸命考えるから、○○ちゃんを一緒に育てていこうね」と、共に考え、支える意思を伝える方が、保護者の安心感が高まるようです。それはなぜでしょうか。

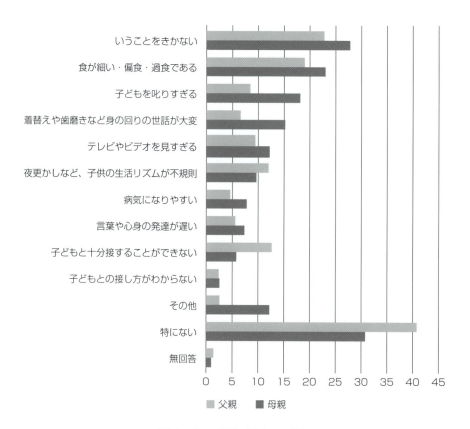

図4-1　父母の子育ての悩み

出典：全国私立保育園連盟　乳幼児の育児と生活に関する実態調査 2008年

第4章 人間形成と家庭・地域・社会

　ここ数十年で、子育てそのものや、子育てをする保護者を取り巻く状況は変わり続けています。その状況に応じ、保護者の多くは、子育てにおいて不安や負担感、悩みなどもあるようです（図4－1）。その要因として、子育てにおける孤立や子育て情報の多さなどがあげられます。地域のなかの子育て家庭同士の結びつきが弱くなってしまったり、さまざまなメディアにあふれる子育てに関する情報から、正しいものを取捨選択することが難しくなったりしているのです。そうした不安を抱えている保護者に、子育てに関する正しい答えを伝えることよりも、共に同じ方向を向いて、一緒に取り組んでいきましょうと伝えることの方が、より安心感につながりやすいということです。

　また、幼児教育を担う保育者にとって、家庭との連携はどのように考えられるでしょうか。幼稚園教育要領では、その前文のなかに、「（前略）家庭や地域社会と協力して、幼稚園教育要領を踏まえた教育活動の更なる充実を図っていくことも重要である」とあります。つまり、幼児教育においては、家庭や地域社会との協力が強く求められています。園と家庭とが、互いの良さや特長を発揮しながら、子どもの育ちを支えていくための連携が求められるのです。

（2）教育基本法に位置づけられた家庭教育

　1947（昭和22）年に制定された教育基本法は、その後およそ60年間にわたって、大きく改正されることなく実施されてきました。しかしながら、前段で述べたように、社会の状況が刻々と変化し、保護者や子ども・子育てを取り巻く状況が変化してきたことを踏まえて、2006（平成18）年に全部を改正する運びとなりました。そのなかで、いくつか新設された条文があります。その1つが「家庭教育」についての条文です。

教育基本法

第10条
　　父母その他の保護者は、子の教育について第一義的責任を有するものであって、生活のために必要な習慣を身に付けさせるとともに、自立心を育成し、心身の調和のとれた発達を図るよう努めるものとする。
2　国及び地方公共団体は、家庭教育の自主性を尊重しつつ、保護者に対する学習の機会及び情報の提供その他の家庭教育を支援するために必要な施策を講ずるよう努めなければならない。

この条文によって、保護者の子の教育における根本的、根源的な責任が示されました。また、家庭教育で育まれることが望まれる、基本的生活習慣や、自立心などについてもふれられています。そしてもう1ついわれていることは、教育機関が保護者に対する学習の機会や情報を提供しつつ、家庭教育をサポートする役割を担うということです。保育者は、自園での教育を展開することとともに、家庭教育を支援する、保護者とともに手を携え合って子どもを育てることが、法律においても求められているのです。さらに、支援だけでなく連携協力についても、「学校、家庭及び地域住民等の相互の連携協力」として条文が掲げられています。

教育基本法

第13条
　学校、家庭及び地域住民その他の関係者は、教育におけるそれぞれの役割と責任を自覚するとともに、相互の連携及び協力に努めるものとする。

　こうした教育基本法による位置づけによって、幼児教育に限らず教育全体において、家庭や地域社会との連携協力が必須の要素となっているのです。

2. 家庭との連携の実際

　では、園においては、どのように家庭や保護者との連携がなされているのでしょうか。その連携については、園全体で方向性をもち取り組むもの（保育参観や保育参加など）と、保育者が日常のなかで展開するものとあります。ここでは、後者の取り組みについて紹介します。

(1) 園の教育を発信 Part1「学級便り」

　園のクラス便りは、定期的に発行します。保育者が保護者に伝えたいことを文章で表し、手に取って読んでもらうことで伝えたいことが伝わります。あたりまえのことですが、読んでもらうことが重要です。
　文字だけではなく、保育のなかで撮影した写真なども用いながら見やすくすることと、やはり子どもたちの日常の姿をもとにしたエピソードなどで表現すると、保護者も興味をもって読んでくれるはずです。たとえば、次のようなエピソードがあります。

第4章 人間形成と家庭・地域・社会

エピソード (1) リョウタくんと枝豆

　リョウタくんは、先生や友だちと一緒に、畑で育てた枝豆を収穫していました。枝豆を枝から取っていると、リョウタくんはその数に違いのあることに気づきます。さやのなかに1粒のもの、2粒のもの、そして4粒のものもあることに気づきます。4粒のものはなかなかなく、「レアだ」といって集めはじめました。

　このエピソードを、クラス便りで伝えるには、もちろんこのまま（上記の文章のまま）でも伝わります。しかし、保育者として加えたいことは、この姿、この遊びにどのような価値や学びがあるのか、ということも併せて伝える必要があるのです。

　リョウタくんが、自ら発見して枝豆の数の違いに興味をもったこと、そして4粒のものを集めはじめたこと、もしかしたらその経験から新たな疑問が生まれて探求が始まること、などを表していくと、保護者もワクワクしながら読んでくれるのではないでしょうか。また、このことは幼児期における学びについての、保護者の理解にもつながるはずです。

写真1

（2）園の教育を発信 Part2「保育ドキュメンテーション」

　保育者の坂崎隆浩氏らによれば、保育ドキュメンテーションとは、「写真を使って、文章や言葉ではうまく伝わらない学びと育ちの物語を"見える化"していく」ものであり、「保育のねらいやその経過、子どもに対しての気づき、保育者のこれからの関わりや見通しを表示し構成する」[1]ものとあります。これもまた、保護者や、場合によっては地域の住民へ、園の教育を発信する有効な方法の一つです。

　左の写真は、石鹸を使った泡遊びを楽しむ4歳児の女の子です。彼女は、この泡遊びの場にかなり長い時間いて、楽しんでいました。

　この遊びの環境構成にも、保育者の強い意図が感じられるのですが、そのことを言葉だけで

写真2

保護者へ伝えることはなかなか難しいものです。しかし、「保育ドキュメンテーション」を活用することで、子どもたちの「今」の育ちを、より具体的に、わかりやすく伝えることが可能になるのです。

気持ちいいね!! ～泡遊び～

この時期は、水にふれて遊ぶと気持ちいいですよね。子どもたちは、水だけでなく、フワッフワの泡も、大のお気に入りです。

この遊びに使っているスポンジ。そう、ホテルのアメニティでもらえるものです。泡立ちがとってもいいんです！
ご家庭にも、不要なものがありましたら、園までおもちください！

クリームみたいで、気持ちいいよ。

没頭＆集中

泡立て器を使うことでもこうした泡は作れますが、「手でふれて」この泡を作ってほしいと願いました！
○○ちゃんも、じかにふれて、その気持ち良さを実感しています。

子どもたちは遊びのなかで、「楽しい！」「気持ちいい！」「不思議！」「悔しい！」などといった、さまざまな心情を体験していきます。
こうした心情の実体験も、遊びに没頭したり、集中したりするための大切な要素ですね。

図4－2　保育ドキュメンテーション作成例

出典：筆者作成

育っているものやプロセスを伝えることによってみんなが園の様子を共有できるようになります。

「幼児の自発的な活動としての遊びは、心身の調和のとれた発達の基礎を培う重要な学習である」ことは、実は、ていねいに説明しなければ保護者や地域社会には伝わりにくいものです。ともすれば、繰り返し指導したり、一方的な知識を与えたりすることによって、文字の読み書きなどが「できるようになること」が高く評価されることもあります。そうではなく、この幼児期だからこそ得られる学びについて、より伝わるよう工夫しながら発信していくことが、保育者には求められます。保護者と園とが、子どもたちの育ちについて共通理解することが、より充実した連携につながるのです。

第4章 人間形成と家庭・地域・社会

第2節 「地域・社会と連携する」ということ

1. なぜ、地域・社会等との連携が求められるのか

　心理学者のブロンフェンブレンナー（Bronfenbrenner, U.）は、人間の発達についての仮説の一つとして、「多様な役割を占めている人々との相互作用を通して促進され、また絶えず広がる役割のレパートリーに参加することによって促進される」と述べています。さらに、このことは、「社会全体の中の大人の役割に生徒を触れさせること」「学校という行動場面の中に様々な大人たちを導入すること」「また外部世界の中の活動に子どもたちを連れ出すこと」などによって可能となることも併せて述べています[2]。

　また、教育学者の門脇厚司氏も、子どもの社会力[*1]の育成について、「他者との相互行為が何より大事」であるとし、地域社会の教育力がもっとも適していると述べています[3]。さらには、幼稚園教育要領においても、「幼児の生活は、家庭を基盤として地域社会を通じて次第に広がりをもつものである」とし、「地域の自然、高齢者や異年齢の子どもなどを含む人材、行事や公共施設などの地域の資源を積極的に活用し、幼児が豊かな生活体験を得られるように工夫するものとする」と位置づけられているのです。

*1
社会を作り、作った社会を運営しつつ、その社会を絶えず作り変えていくために必要な資質や能力。

2. 地域や社会へ関わっていく力

　保育者は、子どものより良い育ちを願い、保育の一つの環境として地域・社会を取り入れていく必要があります。ここでエピソードを紹介します。

エピソード (2) 道路の花壇でのさまざまな出会い

　アキ先生は、駅から園までの通勤途中に、気になっていることがありました。それは、街路樹の植えられている花壇です。春の花壇ですが、雑草だらけだったり、ゴミが落ちていたりするのです。そして、ある朝にふと思いつきました。「子どもたちと何かできないかな？」と。
　出勤して、その思いを園長先生に伝えると、その場で市の担当部署に連絡を入れてくれました。担当の方がおっしゃるには、「町内会の住民の高齢化で、花壇の手入れに手が回っていない。もし子どもたちが手入れをしてくれるならば、とてもありがたい」とのことです。
　その日の午後に園内で相談し、アキ先生のクラスと隣のクラスの子どもたちとで、翌日からゴミ拾いと草取りに出かけることになりました。

ここで子どもたちとアキ先生は、地域に出かけていくことになったのですが、この後、さまざまな人と出会うことになります。初めに会ったのは、町内会のおじいちゃんおばあちゃんです。市の担当者から連絡が入ったようで、「子どもたちが頑張ってくれるなら、私たちも頑張らねば」と、草を取るだけでなく、花も植えようと提案してくれました。

　ゴミ拾いと草取りに加えて、植えた花の世話も頼まれた子どもたちでしたが、やる気は満々です。そしてここでもう一つの出会いがありました。それはその花壇を通り過ぎて行く人たちです。「いつもありがとうね」「偉いね。お花がきれいに咲いて、私たちもうれしいよ」と、子どもたちに声をかけていってくれるのです。子どもたちは、照れくさそうにしながらも、褒めてもらうことがとてもうれしそうです。

　アキ先生は、教育を園だけで完結させるのではなく、どのように地域のなかで展開していくのか、という保育者としてのアンテナを張っていたのではないでしょうか。地域の環境に目を向けるだけでなく、保育者が地域に出かけ、また自らを地域に開いていくことで、子どもたちの教育にもつながったといえます。

第3節　連携によって育まれるもの

1. 連携のポイントとしての互恵性

　ここまで「連携」について述べてきましたが、それぞれのポイントとして、「互恵性」をあげたいと思います。それは、子どもたちにも、連携をする当事者同士にも、それぞれ恵（メリット）があるということです。

　家庭と保育者が密に連携することで、保護者は子どもの育ちを理解し、不安なく家庭での子育てに向かうことができるでしょう。保育者もまた、園の教育に対する理解を得ることで、よりダイナミックに園での教育に邁進できるはずです。地域との連携においても、子どもたちは地域のなかでの自分の役割に気づき、その喜びを感じます。地域社会も、そこに子どもたちの元気な声が響くことで活気づくことでしょう。

　連携が、一過性のイベントで終わらないためには、こうした互恵性を意識して、また相互に確認しながら連携することが大切です。

2. 子どもたちに育つもの

　幼児期の子どもたちは、直接経験することを通してさまざまなことを学んでいきます。さまざまな人とふれあい、関わることを通して、そうした学びは得られるのです。人と関わるうれしさや楽しさ、難しさや悔しい思いなども、人と関わるからこそ体験することができます。そして、その体験は、園での保育者や友達との関わりだけでなく、家庭や地域社会にその範囲を広げることでより豊かになっていくのです。

エピソード (3)　年長児と6年生の交流

　年長組の子どもたちと近くの小学校の6年生とで、地域のお祭りの準備をすることになりました。園ではお兄さんお姉さんとして頑張っている年長児も、6年生のお兄さんお姉さんたちには、ここぞとばかりに甘えて接します。6年生のお兄さんお姉さんたちは、そうした年長児を受け容れ、優しく接してくれました。

　このエピソードの際、6年生の担任の先生は、「（6年生の）○○くんは、学校では乱暴だけど、幼稚園の子たちと接する時には、とっても優しく関わることができるのだな」と話していました。年齢にかかわらず、直接経験するからこそ気づき発見していく関わり方があるでしょうし、またそうした姿にふれて気づく教師の姿もそこにはあります。特に幼児期においては、目には見えないけれども、この時期にこそ育みたい資質や力があります。それらを育む大切な環境として、家庭や地域・社会等があり、それらを教育・保育のなかで存分に活用する保育者の姿勢が求められるのです。

ふりかえりメモ：

 ....

Q あなたの実習先（幼稚園、保育所、認定こども園、小学校）の周囲には、どのような地域資源があるでしょうか。そして、その地域資源を活用することで、子どもたちはどのような経験や学びを得ることができるかを考えてみましょう。

ホップ　パソコンなどの地図ソフトを使って、園や学校の周囲の地域環境を調べてみましょう。

....

....

....

ステップ　子どもたちと関わることができそうな、地域の施設や人を書き出してみましょう。

....

....

....

ジャンプ　具体的に、どのような連携や交流が考えられるか、話し合ってみましょう。

....

....

....

【引用文献】
1）坂崎隆浩他「安全・安心－地域と子どもの環境－（保育ドキュメンテーションを用いて）」社会福祉法人日本保育協会 保育科学研究所『保育科学研究 第4巻』2013年 p.3
2）U.ブロンフェンブレンナー（磯貝芳郎・福富護訳）『人間発達の生態学　発達心理学への挑戦』川島書店　1996年　pp.114-115
3）門脇厚司『子どもの社会力』岩波書店　1999年　p.174

【参考文献】
文部科学省「昭和22年教育基本法制定時の条文」
　http://www.mext.go.jp/b_menu/kihon/about/a001.htm
文部科学省「改正前後の教育基本法の比較」
　http://www.mext.go.jp/b_menu/kihon/about/06121913/002.pdf#search=%27教育基本法＋新旧対照表%27

第5章
教育制度の基礎

たとえば、テーマパークみたいな校舎があったら…

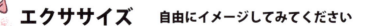 **エクササイズ**　　自由にイメージしてみてください

　現在の学校教育を一か所だけ自由に変えられるとしたら、どの部分をどう変えたいですか？　教科の数や種類、受験制度、義務教育の年数、学級のサイズなどさまざまな側面から考えてみてください。

第5章 教育制度の基礎

> **この章のまとめ！**

学びのロードマップ

- 第1節
  西洋の教育制度の歴史を古代からさかのぼります。古代ギリシアの学園やキリスト教のもとに発展した中世の学校を経て、近代になると公教育が始まります。

- 第2節
  日本の教育制度について、明治時代から現代までを概観します。西洋の制度を参考に試行錯誤の末に教育制度が根づいていきます。

この章の なるほど キーワード

■ **「権利としての教育」** …かつて教育は、政治や宗教、国家のために行われており、教育制度もそのために存在していました。現在では、個人の権利として教育があるという理念のもとに制度が作られています。

教育を受ける権利は、私たちのかけがえのない大切な権利です！

この章では、海外と日本の教育のしくみの成り立ちをざっくりと眺めます。さらにこの後の章（6章、7章、8章）では、各内容を詳しく解説します。

第1節　西洋の教育制度

1. プラトンのアカデメイアとイソクラテスの修辞学校

　古代ギリシアでは、弁論術を用いるソフィストと、哲学を研究する哲学者たちの間で論争が繰り広げられていました。西洋の学校の原型もこのなかであらわれてきます。

　ソフィストは、職業的な教師として活動しました。彼らの目的は政治の術を教えることであり、教育内容は主に弁論術の技法が中心でした。ソフィストの影響を受けたイソクラテス（Isocrates）はアテナイに修辞学校を創設し、弁論・修辞術を中心に教育を行いました。学校の評判は次第に上がり、アテナイだけではなくさまざまな国から若者が集まるようになります。

　哲学者ソクラテスの高弟であったプラトン（Plato）は、イソクラテスとほぼ同時期に、アテナイ郊外にアカデメイアを創設しました。プラトンはソフィストたちが用いる知が「臆見」（ドクサ）であることを批判し、アカデメイアではドクサに惑わされない「真理」（エピステーメ）の探求が目的とされました。そのため、厳密学の数論、幾何学、天文学、音楽理論の学習が必須とされ、最終的に真理の探究である哲学的対話、哲学的問答法の学習と研究がなされました。また、アカデメイア設立目的の一つとして、哲学的訓練に基づく国家の統治者を養成することもあり、政治理論や弁論術などさまざまな学問を包摂する学園でした。

2. キケロと自由学芸七科

　ローマ時代に執政官として活躍したキケロ（Cicero）は『弁論家について』という著作で、弁論術のレトリック的伝統と哲学の哲学的伝統を調和させようと試み、「自由人にふさわしい諸学芸」（artes liberales）を提唱しました。

図5－1　自由学芸七科
（中央上部の哲学を三学四科の女神が囲んでいる）。
出典：Herrad of Landsberg "Hortus deliciarum"

　これらの諸学芸は、後に文法・修辞学・論理学（弁証法）の言葉に関する三学と、算術・幾何学・天文学・音楽の数に関する四科からなる自由学芸七科として受け継がれ、現在でも「リベラル・アーツ」や「一般教養」として西洋の知的伝統の一側面を形成しています。

3. キリスト教と中世の教育制度

(1) 修道院

　西洋の知的伝統を形成するもう一つの側面としてキリスト教があげられます。古代末期から中世初期にかけて国家によりキリスト教が公認されると、多くの修道院が創設されました。そのなかでも、イタリアにモンテ・カッシーノ修道院を設立したベネディクト（Benedictus）が著した『戒律』は、修道院を「主への奉仕の学校」として修道院生活の規則を記し、西洋の修道院の基本規準へと受け継がれていきました[1]。

(2) 司教座聖堂附属学校

　封建社会が安定し、都市が発展すると、司教座聖堂の附属学校に各地から学生が集うようになりました。ここでは聖職者を養成することが目的でしたが、次第に学校の外で私学を開いて、神学や論理学だけでなく、医学や法律学を教える教師も出てきました[2]。

(3) 大学

　都市が発展するなかで、各地から集った人々の交流が増し、都市は学問の中心地となりました。そこから自生的に成立したのが大学（ウニウェルシタス）です。イタリアでは学生を中心とするボローニャ大学、フランスでは教師を中心とするパリ大学、イギリスではオックスフォードに大学があらわれました。これらの大学は皇帝や教皇に訴えかけることで、自律的な組織を形成し独自の文化を作り上げました。

4. ルネサンス

　古代ギリシアやローマへの文化的な復興運動が盛んになったルネサンス期には、アルベルティ、エラスムスなどヨーロッパの各地で人文主義者や教育者が活躍しました。神の前における平等を主張した宗教改革では、ルター（Luther, M）が中世的なキリスト教の秩序を批判します。ルターは『子どもを就学させる義務についての説教』で、社会的な地位や身分にかかわりなく、あらゆる人に聖書を読みこなせるほどの母国語教育を保障する義務教育の学校を設立すべきであると主張しました。ただし、その義務教育はあくまで宗教的な意図によってであり、近代の義務教育とは大きく異なります。

5. 近代教育の父・コメニウス

　チェコで生まれ、ヨーロッパ中を転々としながら活躍したコメニウス（Comenius, J. A.）は、『大教授学』『教授学著作全集』『世界図絵』など教育学に関わる著作を多く著し、19世紀以降ヨーロッパ各国で翻訳され大きな影響を与えたため、「近代教育学の父」とされています。コメニウスは教育においては「あらゆる者に、あらゆることを、あらゆる側面から」の3つが実現されるべきだと主張しました[3]。そのための基本的な教科書として著したのが『世界図絵』です。

　また、コメニウスは新たな学校を、人が経る段階的な世界と対応させる形で構想し、「学校としての人生」を提唱しました[4]。こうした幅広い視野をもっていたコメニウスの教育思想は、現代の「生涯学習論」の先駆であるとされています。

表5-1　コメニウスの学校構想

段階	1	2	3	4	5	6	7	8
世界	可能性の世界	原型の世界	天使の世界	自然の世界	技術の世界	道徳の世界	霊の世界	永遠の世界
学校	誕生期の学校	幼児期の学校	児童期の学校	青年期の学校	若年期の学校	壮年期の学校	老年期の学校	死の学校

出典：コメニウス（太田光一訳）『パンパイデイア』東信堂　2015年　p.367　より筆者作成

コメニウスと『世界図絵』については第6章（74ページ）でもあらためて解説します。

6. 各国の公教育制度の誕生

（1）フランス

　フランスの公教育制度は、1789年にフランス革命が勃発し、新たな政治・社会制度が模索されるなかで計画されました。コンドルセ（Condorcet）は1792年の「公教育の一般組織に関する報告および法案」で、4段階からなる学校体系を構想し、立法議会に提出しました。また、①教育の義務化、②無償化、③世俗化という近代公教育の3原則が主張され、近代の教育制度の原型が誕生します。

（2）イギリス

　イギリスでは、1833年の「工場法」の制定によって、児童労働の時間が制限され、就学義務が定められました。この時期には、シャトルワース

（Shuttleworth）が貧困層の子どもの現状から公教育の必要性を説き、国家による学校の設立を主張します。1870年には「初等教育法」が定められ、イギリスで公教育制度が確立されることになります。

（3）ドイツ

ドイツでは、フリードリヒ2世が1763年に「一般地方学事通則」を定め、1794年に「プロイセン一般国法」が出されたことで、国家による学校の支配というかたちで公教育制度が誕生します。ただしこれは絶対主義国家における公教育であり、近代的な公教育制度に転換するのは、フィヒテ（Fichte, J. G.）が『ドイツ国民に告ぐ』のなかで「国民教育制度」を主張し、その後フンボルト（Humboldt, F. W.）が初等教育を改革する19世紀初頭のころです。

第2節　日本の教育制度

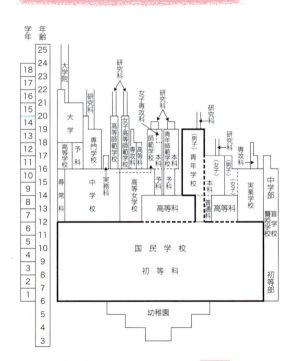

1944（昭和19）年の学校体系 複線型

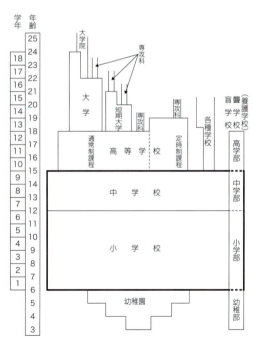

1949（昭和24）年の学校体系 単線型

図5-2　日本の学校体系（戦前と戦後）

出典：文部省『学制百年史 資料編』
http://www.mext.go.jp/b_menu/hakusho/html/others/detail/1317930.htm

戦前は、学校の種類は多いけど、よくみると大学に行ける人は限られたしくみになっていますね。

65

図5-2の2つの図を見てみましょう。右図は1949（昭和24）年の学校体系です。幼稚園から始まり、小学校・中学校の6年間の義務教育を経て、高等学校、大学等へと至る私たちにとってなじみのあるものです。一方、左図は1944（昭和19）年当時の学校体系です。2つを比べるとわかるように、短期間で制度上の大きな変化が見られます。このように、私たちがそのなかで育まれる教育制度とは自明のようで、実は日本だけに限っても固定化されてきたわけではありません。ここからは、日本の教育制度がどのように変遷してきたかを学んでいきましょう。

1. 明治時代における教育制度

(1)「学制」

　現在に連なる教育制度が日本に本格的にもたらされたのは明治時代のことです。1871（明治4）年に廃藩置県を行った明治政府は翌1872（明治5）年にフランスの教育制度を参考にして「学制」を発布しました。「学制」では学区制を導入することが提唱され、全国を8つの大学区に分け、1つの大学区に32の中学校と210の小学校を設置すること、また就学義務は8年間とされました。しかし、この構想は、授業料、人件費、学校建設の費用などが保護者や住民負担となっていたこと、西洋から取り入れた教育内容が住民の実態とかけ離れていたため失敗に終わります。

(2)「教育令」

　1879（明治12）年には「学制」が廃止され、第一次「教育令」が制定されました。大学区・中学区が撤廃され、就学義務も8年間から16か月へと大幅な短縮がみられました。第一次「教育令」では町村民から学務委員を公選し、学校の設置や運営をすることとなっていましたが、翌1880（明治13）年の第二次「教育令」によって、学務委員は再度県令とされ、政府の規制が強化されました。

(3)「小学校令」

　学制では「自今以後一般ノ人民華士族農工商及女子必ス邑ニ不學ノ戸ナク家ニ不學ノ人ナカラシメン事ヲ期ス」とすべての子どもが教育を受けることを宣言していましたが、教育を受けさせる義務を保護者に課していたわけではありませんでした。それが変化したのが初代文部大臣の森有礼が交付した「小学校令」（1886（明治19）年）です。これによって尋常小学校の4年間

が義務教育とされました。また森は、「中学校令」「師範学校令」「帝国大学令」も同時に交付し、新たな教育制度を確立しようと試みました。そして1907（明治40）年の「小学校令」改正によって6年間が義務教育となります。

　森が教育の目的を「今夫国ノ品位ヲシテ進ンテ列強ノ際ニ対立シ以テ永遠ノ偉業ヲ固クセント欲セハ、国民ノ志気ヲ培養発達スルヲ以テ其ノ根本ト為サルコトヲ得ス」とするように[5]、明治時代における一連の教育制度は日本の国家富強を達成するために創出、改革されました。

2. 大正時代から昭和時代前期の教育制度

（1）新教育運動

　大正期にはデモクラシー運動の高まりとともに、欧米の教育理論が導入されたことで全国各地に新たな学校が誕生します。澤柳政太郎が設立した成城小学校、河野清丸の日本女子大学付属豊明小学校、羽仁もと子の自由学園、小原國芳の玉川学園などがよく知られています。また既存の学校でも、千葉師範附属小学校の手塚岸衛が自由教育論を主張するなど、それぞれが独自の教育実践を行いました。これらの教育理論・実践運動は、それまでの旧教育を批判的に受容しながら展開したため、「新教育運動」と呼ばれます。

（2）国民学校令

　昭和前期には、戦争の機運が高まるなかで、1937（昭和12）年に内閣直属の「教育審議会」が設立されます。審議会の決定事項のなかでもっとも影響力をもったものが1941（昭和16）年の「国民学校令」の制定でした。これによって尋常小学校は「国民学校」となり、「皇国民ノ基礎的錬成」を目的とした教育の戦時下体制が展開されることとなります。

　以上のように、明治時代から第二次世界大戦に至るまでの日本の教育制度は、社会状況によりさまざまな変化を被ってきました。しかし、敗戦を経て定められた教育制度は大枠を変えることなく、現在に至っています。

 ふりかえりメモ：

3. 昭和時代後期から現在までの教育制度

（1）制度的枠組み

　戦後の学校教育は「日本国憲法」、「教育基本法」、「学校教育法」の制定・交付によって制度的な枠組みが定められることになりました。

　戦後教育改革の特徴の一つは、教育の理念を「国家のための教育」から個人の「権利としての教育」へと転換させることでした[6]。「教育基本法」は前文をもつ法律で、憲法の附属法的な性質があり、教育の理念を宣名することから教育憲法とも呼ばれています。教育の目的として「人格の完成」を目指すことが掲げられ、「学問の自由」を尊重しつつ教育の目標を達成させることがうたわれています。

　「学校教育法」は各種学校機関を包括する法律で、図5-2にあるように日本の学校体系が6-3-3制となりました。また戦前の閉じた「複線型」の制度を改め、「単線型」の学校体系が完成します。

（2）義務教育の拡充

　義務教育は戦前の6年間から9年間に拡充されました。高等学校についても、希望者ができる限り就学できるようにと漸次的に拡大することと考えられていました。また、日本国憲法第26条に明記されているように、社会的・経済的な地位にかかわらず、子どもに教育を受ける権利を保障するため義務教育については無償とされています。

（3）教育委員会

　戦前の地方教育行政は、府県知事（内務大臣の直属）が地方教育行政官庁であり、市町村長は文部大臣と府県知事の指揮監督のもとで教育行政を行っていました。そのため、文部大臣が教育内容に強い影響力を及ぼすことになります。

　戦後の地方教育行政は、教育行政の民主化、地方分権化、教育の自主性の確保などが方針として掲げられ、その責任機関として各都道府県と市町村に教育委員会が設置されます。この方針のもと、地域住民による教育委員会の公選制が実現されますが、その後に教育行政と一般行政の調和、教育の政治的中立化、国・都道府県・市町村一体として教育行政制度の確立という観点から、1956（昭和31）年に「地方教育行政の組織及び運営に関する法律」が制定され、教育委員は首長による任命制に移行し、教育行政は文部省を頂点とする「タテワリ化」がなされることとなりました[7]。

第5章 教育制度の基礎

4. 現代の教育問題

　最後に現代の教育問題をいくつか取り上げたいと思います。これらは、教育制度によって解決されなければならない問題であるのと同時に、現在の教育制度の結果として生じている問題でもあります。

（1）学力格差

　学力が子ども個人の能力と努力によって形成され、その結果の業績にもとづいて競争を行う。これをメリトクラシー（meritocracy）と呼びます。近代社会や近代教育制度においては、家系や保護者の社会的・経済的地位が子どもの将来を左右することが否定され、個人の能力と努力次第で地位の向上や獲得が見込める公正な競争が前提とされています。したがって、たとえば保護者の地位によって子どもの入学試験の合否を決定するということは認められていません。しかし、近年、保護者の経済的な資本と文化的な資本という家庭的背景が子どもの学力形成に大きな影響を及ぼしていることが実証的に明らかにされつつあり、平等な競争がなされていないのではないかという批判があります。この保護者の子どもへの影響力をもって、ペアレントクラシー（parentocracy）という言葉も生まれています。

（2）いじめ

　いじめは多くの人が学校内外で何らかの立場で関わったことがあるでしょう。日本では1980年代にいじめが社会問題化しました。いじめを児童・生徒個人の心の問題というよりも、教育制度上の問題であると考えることもできます。とりわけ、学級制のなかで学校が同質性を前提とした生活空間を形成し、そこから逸脱するものを排除するといういじめを引き起こす構造の存在が指摘されています[*1]。また、それにともない、不登校も1990年代から問題化され、フリースクールなどのオルタナティブな学校が注目されています。

[*1] いじめと教育制度の関連については、内藤朝雄『いじめの社会理論』（柏書房 2001年）が参考になります。

Q これまで見てきたように、教育制度とは時代とともに変化していきます。新たな時代状況に適応する必要があったり、既存の制度のほころびを修復したりと、私たちの教育制度は歴史のある時点を占めるに過ぎません。それでは、次世代の教育制度はどのように設計すべきでしょうか。

ホップ 現在の日本の教育制度はどのような問題を抱えているでしょうか。授業で学んだこと、参考文献であげられている図書、ニュースなどで見聞きしたこと、自分が経験したことなどをもとに考えてみましょう。

ステップ それを解決するためにどのような方策が考えられるでしょうか。具体的にあげてみましょう。

ジャンプ 周りの人と議論をしてみましょう。その際、①その人の問題意識は妥当であるか、②提案された方策は問題を解決するものであるかという点から考えてみましょう。

【引用文献】
1）眞壁宏幹編『西洋教育思想史』慶應義塾大学出版会　2016 年　p. 44
2）同上書　p. 46
3）相馬伸一『ヨハネス・コメニウス』講談社　2017 年　p. 128
4）同上書　pp. 138-139
5）森有礼『森有礼全集 第一巻』宣文堂書店　1972 年　pp. 344-346
6）木村元『学校の戦後史』岩波書店　2015 年　p. 57
7）同上書　pp. 76-77

【参考文献】
今井康雄編『教育思想史』有斐閣　2009 年
柴田義松・斉藤利彦編『教育史』学文社　2005 年
廣川洋一『ギリシア人の教育』岩波書店　1990 年
マルー , H.I.（横尾壮英訳）『古代教育文化史』岩波書店　1985 年
耳塚寛明編『教育格差の社会学』有斐閣　2014 年

第6章
さまざまな国の教育思想家たち

エクササイズ　　自由にイメージしてみてください

あなたにとって、理想の授業のイメージとは、どのような感じでしょうか。あなたの経験やドラマやマンガの人物から、理想のポイントをあげてみてください。

第6章 さまざまな国の教育思想家たち

学びのロードマップ

この章のまとめ！

- 第1節
  感覚を重視した学びを考えたコメニウスについて学びます。

- 第2節
  子どもの発見者と呼ばれるルソーについて学びます。

- 第3節
  直観を重視する教育方法を研究したペスタロッチについて学びます。

- 第4節
  世界で初めて幼稚園を設立したフレーベルについて学びます。

- 第5節
  子どもの環境を変えることに尽力したオウエンとマクミラン姉妹について学びます。

- 第6節
  今に続くモンテッソーリメソッドの生みの親であるモンテッソーリについて学びます。

この章の なるほど キーワード

■ **「あらゆる人に、あらゆる事柄を」** …この言葉は、近代教育学の父と呼ばれるコメニウスのものです。誰もが同じように教育を受けることを構想した最初の人物です。

今日の教育の姿は、さまざまな人たちの知恵と努力が結集して構想されたものなのです。

第1節　コメニウス　―感覚から―

1.『世界図絵』

　A　カラスはアーアーなきます

　B　羊はベーとなきます

　C　バッタはチーチー羽をこすります

図6－1　「入門」

少年はよくビー玉①遊びをします。
九柱戯（きゅうちゅうぎ）のピン③に向かって球②をころがすこともします。
小さな球を棒④で打って輪⑤をくぐらせる遊びもします。
こま⑥をむち⑦でたたいてまわします。
吹き矢⑧や石弓⑨で射ることもあります。
竹馬⑩に乗って歩いたり、
ブランコ⑪にこいでゆらせたりします。

図6－2　「少年の遊び」

出典：コメニウス（井ノ口淳三訳）『世界図絵』ミネルヴァ書房　1988年

＊1
ドイツの文豪ゲーテは幼少期を振り返って、ほかに子どもの読む本が手に入らなかったと、述べています。

＊2
すべての事柄を関連づけ、統一ある知識体系をまとめあげることを目指すものです。それは、その知識体系を人類共通の陶冶材とすることで、荒廃した社会を改革し、世界の平和へと導くことを目的としています。

　図6－1を見てみましょう。生き物の絵の横に簡単な文が書かれています。子どもたちの身近にあるものを通して、発音が学べるようになっています。図6－2は、さまざまな遊びの絵と説明があり、まるで子ども事典のようです。これは世界で初めて作られた絵入り教科書『世界図絵』（1658年）の一部です。当時子どもが手にする本は、ほかに聖書類しかなかったといわれています＊1。絵本の源流としても評価されている『世界図絵』ですが、いったいなぜ作られたのでしょうか。

　『世界図絵』は、モラヴィア（現在のチェコ）に生まれたコメニウス（Comenius, J. A.）によって作られました。彼は、教育は「あらゆる人に、あらゆる事柄を」（汎知学）＊2教

コメニウス(1592-1670)

授し、子どもが「僅かな労力で 愉快に 着実に」教わることができるような教授学を考えました[1]。コメニウスが生きていた時代、あらゆる人には知識を獲得する能力があるのに、身分や性別によって教育が受けられない子どもたちが数多くいました。また、たとえ学校に通えても、子どものための教科書や教授方法はなく、子どもたちは日常使用しないラテン語をひたすら暗記し、生気のない教育を受けていたのでした。この現状に疑問を感じたコメニウスは、自ら教鞭をとりつつ試行錯誤を繰り返して、教授学を生み出します。

2. 教授の方法

　コメニウスが教育で重視したのは、言語です。物事を正しく理解していなければ賢明に行動することができないので、学校は世界の主要なあらゆる事柄を伝授すべきです。ただ子どもが概念を獲得するのは、言葉からではなく事実からなので、教科書には視覚に訴える絵を通して学べるようにしました。視覚という感覚を使用することは子どもにとって、学びを喜びにかえ、事物をよく観察する注意をかきたて、遊ぶようなやり方で知識を獲得できます。また、母国語で学ぶことを望みます。

　このように、コメニウスは大人の視点ではなく子どもから、しかも感覚から、という子どもの学び方の研究を通して教授の方法を考えました。『世界図絵』は、コメニウスの教育思想を具現化した教科書といえます。

第2節　ルソー　―子どもの発見―

1.『エミール』

　「人は子どもというものを知らない。子どもについてまちがった観念をもっているので、議論を進めれば進めるほど迷路にはいりこむ。（中略）まずなによりもあなたがたの生徒をもっとよく研究することだ」[2]

ルソー（1712-1778）

　スイスのジュネーブで時計職人の子として生まれたルソー（Rousseau, J. J.）は、名著『エミール』（1762年）で彼の教育論を展開します。『エミール』には「教育について」と副題がついており、この著作は子どもを育てる方法について依頼されて書かれたものです。本書の第2章で学んだように、当時の大人は子ども期にも大人のふるまいを求めていました。ルソーは大人になる前に子どもがどうい

うものであるかを知ることが、よい教育を考える第一歩と主張します。そして、人間の教育は誕生とともに始まり、発達段階に分けて教育の方法を述べていきます。子どもは感覚による経験から物事を理解していきます。言葉を話せるようになっても感覚器官を通して、子ども自身が理解し、思考するように、感覚的理性を育てなければなりません。それが知的な理性の基礎となるのです。このようにルソーは、子どもは大人とは異なるものの感じ方があることを発見し、教育を考えたのです。

2. 自然

ところで『エミール』の冒頭に次の文があります。
「万物をつくる者の手をはなれるときはすべてよいものであるが、人間の手にうつるとすべてが悪くなる」[3]

ルソーは、人間は本来善であり、身分にかかわらず自身で思考し判断できる理性がある、教育はその理性を育てることだという啓蒙思想の持ち主でした。子どもの発達に目を向けたのは、そこに"自然"を見ようとしたからです。この自然はルソーによると善であります。教師は子どもが自身で理解し判断できるよう、なるべく手だしをしない「消極的な教育」を望みます。たとえば、ガラス窓を破損した時、子どもを叱り窓を新調するのではなく、子どもが、寒風が入って愚かなことをしたことを気づくまで待つようにいいます。人間を庭木みたいに捻じ曲げて育てることを批判するのです。

このようなルソーの考えには、人間は本来平等で、自身で物事を思考する力があるのに、不公平な人間社会のなかに生きざるをえない社会への不満があります。教会権力を批判する記載があることで、『エミール』は出版後1か月で発禁となり、ルソーは逃亡を余儀なくされます。学校教育を受けず、独学で自身を教育していったルソーは、後に「子どもの発見者」といわれます。子どもの発達に注目し、それを教育方法へと展開した背景に、社会への批判があったことを忘れてはならないでしょう。

第3節　ペスタロッチ　─直観教育─

1. すべては他がために

次ページの絵は、シュタンツの孤児院で子どもたちに囲まれたペスタロッチ（Pestalozzi, J. H.）の姿を描いたものです。1799年のスイス革命によっ

て孤児となった子どもたちを政府の要請で救済することになりました。彼はそれ以前にも貧しい子どもたちを集めて貧児院を開き、文筆活動をしていました。人間は玉座の上にいようと、低い地位にあろうと同じ人間であり、社会改革は教育によって達せられると考え、教育に生きることを決意したのでした。

子どもに囲まれたペスタロッチ（1746-1827）。『隠者の夕暮・シュタンツだより』岩波書店　1993年

　ペスタロッチが引き受けた子どもたちは、無教育で、粗野でしたが、美しい素質と能力を発展させることができることを知ります。事物の本質を直観させ、健全な精神と天賦の知力を発達させるために、荒んだ環境を家庭的な環境（居間の教育）に置き換えることが必要と考えます。内面の浄化こそが教育の基礎となる生活の陶冶を人間教育の原理においたのです。

　実践を通してペスタロッチは、外的事物を使用した直観教育を考え出します。シュタンツでの実践後、各地で新しい教育方法を試み、ヘルバルト[*3]やフレーベル、オウエンらがペスタロッチ教育を学びに訪れます。自身はよれよれの背広を着用し、出版で得た印税もすべて教育に捧げた生涯をおくったのでした。

2. 直観の原理

　ペスタロッチによると直観は、あらゆる認識の絶対的な基礎となります。この直観は、コメニウスやルソーの考えと重なる概念ですが、ペスタロッチは教授法の原理としての確立を目指します。自然界における成熟が完全であるように人間も自然の法則にしたがうべきと考え、単純なものの直観から複雑なものへ段階を踏むこと、関連しあっている事物を精神の内に取り込むこと、五感を通した印象を明瞭にすることなどをあげます。そしてもっとも単純な構成要素を、数・形・語、すなわち直観のＡＢＣとします。このような外的自然を構成要素から認識していくことで、感性的な印象を明瞭な概念へと高めていく直観による教育を、彼は「メトーデ」と呼びました。

　こうして教育は、知識を子どもに強制的に伝えることから、知識を構成する基礎的能力を形成することとなります。子どもにとっては、暗記ではなく、

*3
ヘルバルトは、実践的学問としての教育学の構築を目指した人物です。教育の目的を倫理学に、方法を心理学におき、段階分けをした教授法を開発します。家庭教師の経験やペスタロッチの直観教授法を研究することが、基礎の一つとなりました。

ふりかえりメモ：

物事の本質を見抜く直観を磨いていく楽しい活動です。もちろん直観教育を成立させるためには、内面の浄化を忘れてはなりません。

第4節　フレーベル
――教育としての遊戯――

1. 恩物

右の写真は、ドイツでフレーベル（Fröbel, F. W. A.）が幼児の教育のために開発した遊具です。第一恩物は、毛糸で編まれた球、第二恩物は木で作られた立方体、球、円柱、第三恩物は8つの積み木です。このほかにもありますが、これは与えられたものという意味をもつ恩物（Gabe）です。遊びを通して精神的・身体的発達を導くものとして作られました。

牧師の子として生まれたフレーベルは、林業の見習いや測量技師を経て、師範学校の教師となります。そこでペスタロッチの教育に出会い、実際訪問し、内的統一性が欠けていることに気づきます。普仏戦争に従軍した後、自ら学園を設立し本格的に教育事業に乗り出します。1837年には「幼児と青少年の作業衝動を育成するための施設」（遊具の製造施設）、そして「児童指導者の養成施設」を設立し、1840年に「普遍的ドイツ幼稚園」と名を改め、ここにキンダーガルテン（Kindergarten）が誕生したのでした。

フレーベル
（1782-1852）

2. キンダーガルテン

すべてのものには、永遠に存在する神である統一者の永遠の法則が根底に働き支配している、万物は神性・神から生み出されたものであり人間もその1つ、だから人間は神性のあらわれとしてつまり神の恩寵として保護されるべきもの。フレーベルは人間をこのようにとらえます。そして子どもの内にある神性を覚醒させ、万物の根源を正しく認識するように導く教育の大切さを訴えます。特に幼い時に受けた印象は大人にそのまま引き継がれるので、

幼児期の教育は大事なものとなります。当時、託児所はありましたが単なる養護に留まっており、フレーベルはより教育的な保育を考えたのでした。

幼児教育の第一歩は感覚です。外界を内面に取り入れる聴覚、それに刺激される視覚へと進み、身体能力が発達すると遊戯が始まります。遊戯は自己の内面を自ら自由に表現するもっとも純粋な精神的生産活動です。そして言語活動が始まり、線を描く図画、その延長として数の概念へと進みます。子どもは自己の内から出発して自然や宇宙全体の統一を意識的に明らかにする目標へと進み、外界のものを学習する少年期に入ります。

キンダーガルテンは、就学前の子どもたちの感覚を鍛錬し覚醒しつつある精神の活動をさせること、人間の本質にもとづく遊戯や遊戯法の普及、構成活動の衝動を満たす教育の実践の場、そして指導者を育てる保母の養成の場でもありました*4。

*4 フレーベルは、幼稚園の普及を期待しますが、自由な思想が誤解され、幼稚園発禁令が発令されます。打撃を受けたフレーベルは生涯を閉じますが、その後、後継者らの努力で発禁令が撤回され世界に幼稚園が広まっていきます。

第5節　オウエンとマクミラン姉妹 ―環境の改善へ―

1. オウエン

イギリスでは 1760 年代、世界に先駆けて産業革命をむかえ、紡績工場で多くの労働者が就労していました。しかし長時間労働、不衛生な施設など労働環境は過酷で、10 歳未満の子どもも 14〜15 時間の労働を強いられていました。20 歳から紡績工場の経営に携わっていたオウエン (Owen, R.) は、労働者の不道徳な姿の改善に取り組みます。

オウエン(1771-1858)

オウエンによると、性格は神すなわち自然、及び社会によって形成されるのだから、人間を害悪から救い聡明で善良な人間にするためには、環境を変えればよいことになります。特に力を入れたのは、貧しさ故に働かざるを得ない子どもに対してで、彼は「工場法」の改正に参加します。繊維が飛散するなかでの長時間労働の健康への悪影響などの調査をし、工場での労働を1日 10 時間に制限すること、男女児ともに工場に入るに先立って読み書きを教えること、工場を清潔に保つことなどを訴えます。そして、性格形成の真の原理にもとづいた青少年や幼児のための教育施設の計画を立てます。

1816 年、ニューラナークの工場に幼児学校「性格形成学院」(the New Institution for the Formation of Character) を開設します。フレーベルの

幼稚園に先駆けての実践です。実物または模型や絵による教授法、2歳児以上はダンスと音楽、親の参観は自由で、体罰は禁止です。遊びを奨励し、書物は子どもの好奇心が刺激され質問するようになった時に与えるようにします。

このようにオウエンは、子どもたちの過酷な労働が性格の形成を妨げている現状を社会の問題としてとらえ、教育の環境改善を訴え実践したのでした。

当時の少年たちは煙突そうじなど危険な仕事にも携わっていたのです。

2. マクミラン姉妹

オウエンの活躍後、20世紀に入っても貧困家庭の子どもの救済が叫ばれる状況が続いていました。篤志家によって無償の幼稚園や診療所が作られてはいましたが、政府に対して学校の健康診断や学校給食、学校浴場等の実現を要求し、自ら実践を行った社会運動家にマクミラン姉妹がいます。

マーガレット・マクミラン（McMillan, Margaret 1860-1931）は、姉レイチェル（McMillan, Rachel 1859-1917）の影響を受け社会問題に取り組みます。特に学校教育で子どもの身体的発達にあまり留意しない現状に不満を抱きます。脊柱や呼吸器系に障害のある子も多く、教育システムの基盤である生活環境を整えることを目的とし、キャンプスクールを開設します。しかし就学前の幼児にこそ、よき環境が必要と気づき、後に「レイチェル・マクミラン保育学校」と呼ばれる幼児キャンプを1913年に開設します。保育学校では多様な経験ができ、刺激を与える野外の庭を中心にした環境を重視します。そして入浴や食事などの健康教育、発達に合わせた活動、母親クラブを結成し、母親たちの幼児教育に関する意識向上にも努めました。

オウエンやマクミラン姉妹に見られるように、貧困という社会的問題に教育から取り組むことは、子どもたちの環境を改善することになります。それは、教育の改善が、社会改革になるという考えに支えられたものであることが指摘できます。

第6章 さまざまな国の教育思想家たち

第6節　モンテッソーリ
―自主性をいかに―

　モンテッソーリ・メソッドとして現在も幼稚園で行われている教育方法があります。①の写真は、大きさの弁別を目的とした円柱の差し込み教具です。太さが異なるものが10個あります。②の写真は形の弁別です。

　子どもは、一つ一つ大きさや形を指でふれて注意深く形を認知し、はめ込んでいきます。どれも誤りを自身ですぐに確認し、修正できるものになっています。

　この教具を開発したのはイタリア人のモンテッソーリ（Montessori, M. M.）です。彼女は、イタリアで女性で初めて医学博士号を取得し、障害児教育に携わります。知的障害児の教育でセガン（Seguin, E.）＊5が使用していた教具を修正し、ローマスラム街の「子どもの家」（Casa dei Bambini）で実践した結果、教育的成果を上げます。上記に示した教具を使用した方法は、形式的な恩物の作業となっていたフレーベル主義に対して新たな方法として、20世紀の教育運動に発展していきます。

モンテッソーリ
（1870-1952）

＊5
フランス人の医者で、知的障害児（旧：精神薄弱児）の歩き方や階段の昇降の動きを研究、触覚や筋肉感覚の教育などを手がけ、教具の開発を行いました。

　モンテッソーリは、医学や人類学の実証研究を踏まえながら、発達を科学的にとらえた児童研究にもとづいた教育を進めていきます。幼児期は敏感期なので感覚を訓練することが大切です。人は生来自主的な心をもっていますが、身体的機能の発達は長い時間がかかります。自然の生命の計画にしたがって教育は進められるべきです。大人は、介入をできるだけやめ、子どもの要求を研究しふさわしい環境を用意する、つまり発達を援助するのです。そして新しい教育は、子どもが発達するための活動の自由を与えることです。彼女は教育をこう考えます。教具は、そのためのものです。モンテッソーリは教具の使用について、次のようにいいます。まず、子どもは自身が望む教具を選びます。教師は子どもの興味にしたがって作業を進められるように、支援します。そして落ち着いて作業ができるように見守ります。

　このようなモンテッソーリ・メソッドは、教具の選択の自由はあるが新たなものを素材から生みだす子どもの創造の自由がないことをアメリカ進歩主義教育者＊6から批判されましたが、近年彼女の理論の再検討が進められています。

＊6
子どもから教育を考える、という思想は、旧教育に対して新教育と呼ばれます。特にアメリカではデューイを中心とした教育改革運動が進められ、1919年進歩主義教育協会が結成されます。

81

Q 本章で取り上げた人物に共通している教育の考え方は何でしょうか？

ホップ　まずは自分自身で思ったことを箇条書きにしてみましょう。

....

....

....

ステップ　ホップの記述をもとに周りの人と話し合いましょう。

....

....

....

ジャンプ　上記を踏まえて感じたことわかったことを文章にまとめてみましょう。

....

....

....

第6章 さまざまな国の教育思想家たち

【引用文献】
1）コメニウス（鈴木秀勇訳）『大教授学Ⅰ』明治図書　1962年　p.13
2）ルソー（今野一雄訳）『エミール（上）』岩波書店　1987年　p.18
3）前掲書2）p.23

【参考文献】
コメニウス（井口淳三訳）『世界図絵』ミネルヴァ書房　1988年
ペスタロッチ（長田新訳）『隠者の夕暮　シュタンツだより』岩波書店　1993年
フレーベル（岩崎次男訳）『人間の教育Ⅰ』明治図書　1960年
オウエン（五島茂訳）『オウエン自叙伝』岩波文庫　1970年
白石晃一・三笠乙彦編『現代に生きる教育思想2』ぎょうせい　1982年
モンテッソーリ（阿部真美子・白川蓉子訳）『モンテッソーリ・メソッド』明治図書　1975年

第7章
日本の教育思想と歴史

「子とろ子とろ」という鬼ごっこは江戸時代から楽しまれていたそうです。

エクササイズ　　自由にイメージしてみてください

江戸時代にあった「寺子屋」という教育施設の名前は聞いたことがあると思いますが、では、子どもたちはそこで何を学んでいたと思いますか？

第7章 日本の教育思想と歴史

この章のまとめ！ 学びのロードマップ

- 第1節
近代以前の日本の寺子屋での学びを紹介します。

- 第2節
明治時代になり、欧米を手本に始まった日本の近代教育の流れを概観します。

- 第3節
欧米の制度を取り入れつつ、やがて「教育勅語」が誕生した経緯を見ていきます。

- 第4節
自由な雰囲気をもった大正期の教育運動について解説します。

- 第5節
戦時中の教育や、悲しい「学徒出陣」について学びます。

- 第6節
戦後に始まった教育の民主化とその変遷を押さえていきます。

この章の なるほど キーワード

■「**大日本帝国憲法**」…天皇主権がうたわれていた大日本帝国憲法は教育にも直結していました。戦後に日本の教育が変わるのは、日本国憲法の国民主権の理念によるところが大きいといえます。

歴史の流れを追っていくと、さまざまな意見がせめぎあってものごとが決まっていく様子がわかります。

第1節　近代以前の日本の教育

1. 日本の近代化を支えた寺子屋

　近代化が急速に進められた明治時代は日本の歴史上、大きな転換点と考えられます。たしかに明治期には西洋からさまざまな文物が流入し、政治・経済・文化など、あらゆる側面で大きな変化が見られます。一方で江戸時代に蓄えられた文化の厚みが、明治の新文化を支える素地ともなっています。

　この点を教育について考えると、江戸時代に広く普及した寺子屋の存在が注目されます。庶民のための教育機関である寺子屋は、中世に寺院で行われた庶民教育が起源とされますが、江戸時代、特に天明・寛政年間（1781‐1801年ごろ）に民間の教育施設として急速に普及しま

図7－1　寺子屋の授業風景
出典：公文教育研究会蔵・一寸子花里画「文学万代の宝　末の巻」

した。寺子屋の教師は師匠と呼ばれ、僧侶、神官、医者、武士、漢学者、庶民など、さまざまな身分の人が師匠として寺子屋の経営にあたっていました。全国的にみると師匠は男性が圧倒的に多いのに対して、江戸一帯では女性の師匠が多く、3分の1以上が女性であったといわれています。

> 子どもたちがのびのびと自由に学んでいる様子がよく伝わってきますね。

2. 幕末に寺子屋は3万校以上あった？

　江戸時代に寺子屋が数多く開設された理由は、経済活動が盛んになり、文字の読み書きや計算が重要視されるようになって、寺子屋での「読み書きそろばん」を中心とした教育の需要が高まったためと考えられます。とりわけ貨幣経済の進展した都市部では多数の寺子屋が開設され、明治期の調査によると江戸時代に存在した寺子屋の数は1万5千500校あまりにのぼります。

　しかし、この数値は調査地域が限定されているため、幕末期の寺子屋の数は3万校以上であったとも推定されています。この寺子屋での教育が明治初期の日本の識字率の高さを下支えし、また一部の寺子屋施設は明治新政府の定める小学校の教場として利用され、新たな時代の教育に資することになりました。

第7章 日本の教育思想と歴史

第2節　日本の近代教育制度の確立期

1.「学制」

　近代国家を目指す明治政府は、欧米列強に追いつくために先進諸国の文化や制度を模倣しました。教育もその1つです。ヨーロッパ諸国では当時、公教育制度はすでに近代国家の必要条件と考えられていたのです。そこで明治政府は1871（明治4）年に教育行政機関として文部省を設置し、箕作麟祥らを学制取調掛に任命して、全国的な教育制度を制定するための調査を開始します。そして1872（明治5）年に日本で初めて全国的な教育制度である「学制」が制定されました。

　学制の理念は「学事奨励に関する被仰出書」とも呼ばれる序文に表されています。被仰出書の「学問は身を立るの財本」という一文からもわかるように、そこには功利主義や個人主義といった欧米由来の価値観が認められます。また学区制という形式ではフランスの制度、教科目などの教育内容に関してはアメリカを模倣しています。

　しかし、学制は当時の社会の実情からかけ離れたものであったため、学制発布の翌年の小学校就学率は28.1％程度に過ぎませんでした（表7－1）。その後就学率の上昇は見られるものの、被仰出書の「邑に不学の戸なく家に不学の人なからしめん」という国民皆学の理念にはほど遠かったといわざるを得ません。それというのも学制では、校舎の建設や教師の給与などの費用が基本的に授業料や学区の住民の負担でまかなわれるよう規定されていたのです。寺子屋の「読み書きそろばん」とは異なり、一般庶民にとって必要とは思えない教育に対し、高額な授業料を払うことは納得がいくものではありませんでした。そのため、就学拒否や教育費負担の拒否などの抵抗が少なからず見られ、なかには徴兵令や地租改正などの政策に対する不満から一揆が起こった際に、小学校が焼き討ちにあうこともありました。

表7－1　学齢児童の就学率

年度	男（%）	女（%）	計（%）
明治6	39.90	15.14	28.13
7	46.17	17.22	32.30
8	50.80	18.72	35.43
9	54.16	21.03	38.32
10	55.97	22.48	39.88
11	57.59	23.51	41.26

出典：森秀夫『日本教育制度史』1986年　p.32

2.「教育令」

　学制への批判を受けて、1879（明治12）年に学制に代わる学校教育制度として、「教育令」が公布されました。アメリカの教育制度の影響を受けた教育令は、地方分権的で自由主義的な性格に特徴があります。教育令では学区の規定が排除され、各町村やいくつかの町村が連合して公立小学校を設置すればよいなど、現実的な対応が許されました。また就学義務が緩和されており、当時1、2年で小学校教育を終える場合が多かったことを考えると、実情に即した改正であったといえます。しかし、その結果として公立小学校が減少して私立小学校が増え、寺子屋同然の粗末な学校も見られたといいます。さらには就学率が低下したため、教育の自由化策が学校を衰退させたととらえられることになり、早くも翌年に教育令は改正されます。

　自由主義的な教育令への反動から1880（明治13）年公布の改正教育令では、再び国家による統制が強化されました。3年間の就学義務が厳格化され、府知事・県令の権限が強化されるなど中央集権的な方針が定められました。また改正教育令では、従来各教科の最後に記されていた修身科が学科の筆頭にすえられ、欧米に学んだ啓蒙主義的な内容から儒教道徳へと回帰する、復古的な徳育思想が重視されています。このように儒教道徳が重視されるようになった要因としては、改正教育令が公布される前年の1879（明治12）年に示された教学聖旨が大きく影響しています。

3.「教学聖旨」

　「教学聖旨」は明治天皇が1878（明治11）年に北陸や東海地方を巡幸し、各地の学校を視察した際に感じた教育に関する意見を、侍講の元田永孚がまとめたものとされます。教学聖旨は「教学大旨」と「小学校条目二件」とから成っており、教学大旨では、明治維新以来の欧化政策によって知育に偏重した教育がなされたため品行が悪くなり、風俗をそこなう者が増えたとして、仁義忠孝の儒教道徳を再興すべきであると主張されます。教学大旨に示されるこのような理念は、「教育勅語」の先駆けとなっています。

　また、小学校条目では、小学校の早い段階から図版などを用いた儒教道徳の注入や実学の重視が論じられます。しかし、実際にこの時点の小学校教育で知育に偏重した教育がなされていたわけではありません。むしろ、この後の日本の教育政策において、「体制への批判が強まったり、戦争遂行など国策を強力に推進しようとするとき、繰り返し、知育偏重批判が政府とその周辺の人たちによって叫ばれるようになる」[1]ともいわれるように、忠義を

重んじる儒教道徳を掲げることは、国家に従順な国民を涵養する手段であったと考えられます。

4. 試行錯誤の繰り返し

　改正教育令によって小学校の就学率が上がり、全国的な教育の統一は進展しました。しかし経済不況の深刻化によって1885（明治18）年、教育令が再び改正され、小学校とは別に簡易な小学教場の設置が認められたり、授業時間の短縮が可能とされるなど、地方の教育財政負担の軽減を目的とした規制緩和がなされました。ところが翌年に諸学校令が制定されたため、再改正された教育令も一年あまりで廃止されます。以上のように教育制度が短い間隔で改正され続けた明治初期は、教育制度を確立するために試行錯誤が繰り返された時代でした。

第3節　公教育制度の整備と教育勅語

1. 森有礼の教育改革

　1885（明治18）年に太政官制が廃止されて内閣制度が発足し、初代内閣総理大臣の伊藤博文の下、初の文部大臣に森有礼が任ぜられました。森は国家のための教育という考えにもとづいて教育制度改革を推し進め、富国強兵を支える国家教育という流れは、この後の日本の教育指針を方向づけました。文部大臣に就任した翌年の1886（明治19）年には帝国大学令、小学校令、中学校令、師範学校令を次々と制定しました。従来の学制や教育令が各学校種の制度を一括して規定していたのに対し、「諸学校令」と総称されるこれらの法令は、学校種ごとに定められている点に特色が見られます。

森有礼（1847-1889）

　森は一連の教育改革のなかでも教員養成を重視し、とりわけ師範学校の充実に力を入れています。師範学校令の第一条では「順良・信愛・威重」の気

ふりかえりメモ：

質を師範生に養うことが示され、これらの徳目は教員の備えるべき徳性として重んじられるようになります。教員養成の重視は師範学校の給費制度にも表れており、師範生には衣食や日用品、手当の支給などの優遇がなされました。一方で師範学校では寄宿舎制による軍隊式の生活や訓練が行われています。このような師範学校教育の充実は、貧しくとも意欲のある生徒に教師となる道を開きました。その反面、規格化された教師像の鋳型にはめることで、いわゆる「師範タイプ」といわれるような、まじめで親切な半面、上司に対しては卑屈で偽善的な性格をもった教員を生んだとされます。

2.「教育勅語」

1889（明治22）年、「大日本帝国憲法」が発布された当日に森有礼は暗殺されました。ですが帝国憲法によって天皇主権が明確化されたことで、森の敷設した国家のための教育という道筋は、天皇中心の国家主義教育としてその後も強化されていきます。翌年の1890（明治23）年に渙発された「教育勅語」は、天皇の大権により発せられた教育に関する最高の勅令で、「忠君愛国」の精神の涵養を目指す、国民教育に関する基本理念を示したものです。

はじめに皇室の徳とそれに対して臣民がひとつとなって忠孝を尽くしてきた「国体」が日本の教育の源であることが記され、次いで父母に対する孝行をはじめとする徳目があげられ、最後にこれらの徳目は古くから伝えられてきた教えであり、また古今東西を問わない普遍的な道徳であるとされます。

朕惟フニ我カ皇祖皇宗國ヲ肇ムルコト宏遠ニ徳ヲ樹ツルコト深厚ナリ我カ臣民克ク忠ニ克ク孝ニ億兆心ヲ一ニシテ世々厥ノ美ヲ濟セルハ此レ我カ國體ノ精華ニシテ教育ノ淵源亦實ニ此ニ存ス爾臣民父母ニ孝ニ兄弟ニ友ニ夫婦相和シ朋友相信シ恭儉己レヲ持シ博愛衆ニ及ホシ學ヲ修メ業ヲ習ヒ以テ智能ヲ啓發シ德器ヲ成就シ進テ公益ヲ廣メ世務ヲ開キ常ニ國憲ヲ重シ國法ニ遵ヒ一旦緩急アレハ義勇公ニ奉シ以テ天壤無窮ノ皇運ヲ扶翼スヘシ是ノ如キハ獨リ朕カ忠良ノ臣民タルノミナラス又以テ爾祖先ノ遺風ヲ顯彰スルニ足ラン斯ノ道ハ實ニ我カ皇祖皇宗ノ遺訓ニシテ子孫臣民ノ俱ニ遵守スヘキ所之ヲ古今ニ通シテ謬ラス之ヲ中外ニ施シテ悖ラス朕爾臣民ト俱ニ拳々服膺シテ咸其德ヲ一ニセンコトヲ庶幾フ

明治二十三年十月三十日

御名 御璽

図7-2　教育ニ関スル勅語

出典：文部省『尋常小学校修身書 巻4』1937年

第7章 日本の教育思想と歴史

　この短い文面のなかの「一旦緩急アレハ義勇公ニ奉シ以テ天壌無窮ノ皇運ヲ扶翼スヘシ」という一文はとりわけ重大な意味をもっています。すなわち教育勅語にあげられたさまざまな徳目も、国家が戦争状態になれば生命を差し出して皇国に奉仕せよ、という臣民の義務に収斂されると見られるからです。そして天皇中心の国家体制を推進し、日本が軍国主義へと傾斜を深めていくうえで帝国憲法、軍人勅諭と並んで教育勅語の与えた影響はきわめて大きいといえます。それは、教育勅語の謄本が全国の学校に下賜され、1891（明治24）年に「小学校祝日大祭日儀式規程」が制定されると、祝日に行われる学校での儀式活動の中心に教育勅語の奉読がすえられた事実からもうかがえます。子どもたちは意味を理解できないうちから繰り返し教育勅語の刷りこみを受け、皇国主義思想の教化が図られたのです。

賛否両論ある教育勅語。ニュースや人の意見を鵜呑みにせずに自分の頭でも考えてみよう。

3. 義務教育年数の延長

　1890（明治23）年に小学校令が改正され、尋常小学校の修業年限を3年または4年とし、小学簡易科は廃止されたので、義務教育は少なくとも尋常小学校の3年となりました。さらに1900（明治33）年に再び改正された小学校令では、尋常小学校の修業年限を一律4年とし、3年制は廃されました。そして尋常小学校の授業料が原則として不徴収となり、義務教育の原則の1つである、無償制が保障されることになっています。この折にも義務教育年限の延長が議論されましたが実現しませんでした。

　その後、日清戦争の戦勝による経済の活性化、近代産業の発達などの影響による就学率の上昇から、1907（明治40）年に小学校令が改正されて尋常小学校が6年となり、義務教育が6年に延長されました。

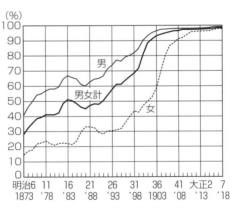

図7-3　義務教育就学率の推移

出典：文部省『日本の成長と教育』帝国地方行政学会　1962年　p.32

第4節　大正期の教育運動

1.「新教育運動」のうねり

　「大正デモクラシー」といわれる民主的・自由主義的な思潮の高まりは、政治・社会・文化など多岐にわたって見られましたが、それは教育においても例外ではありません。日清・日露戦争を経て、政治体制としては国家主義的な方向に進み、また政治主導で進められる教育改革は国家主義的傾向を強めていったのに対して、民間では、世界的な「新教育運動」の影響を受けながら、自由主義的・民主主義的な教育改革運動が受け容れられるようになります。このような動きの頂点をなす出来事として、1921（大正10）年に当時の新教育思想の主唱者たちが東京高等師範学校の講堂に集い、各自の教育論を披瀝する講演会が開かれました。

> この時の講演者名とそれぞれの教育論は以下の通りです。
>
> 樋口長市（ちょういち）「自学教育論」　　河野清丸（こうの）「自動教育論」
> 手塚岸衛（きしえ）「自由教育論」　　千葉命吉（めいきち）「一切衝動皆満足論」
> 稲毛金七「創造教育論」　　及川平治「動的教育論」
> 小原國芳（おばらくによし）「全人教育論」　　片上伸（かたがみのぶる）「文芸教育論」

　この会には全国から多数の教師が参加し、来聴者は4千名以上にのぼったとされます。また、講演の速記録は『八大教育主張』として出版されました。各講演者の理論や実践方法は異なりますが、いずれも児童中心的で子どもの自主性・自発性を重んじています。また身体活動を重視し、欧米の新教育運動からの影響を受けて発達した、自由主義的な教育論であったといえます。

2. 文芸雑誌『赤い鳥』

　学校教育以外の分野では、児童文化運動として大正期に大きな成果を上げたものに、児童向けの文芸雑誌『赤い鳥』の発刊があります。1918（大正7）年、鈴木三重吉（みえきち）によって創刊された『赤い鳥』には、芥川龍之介の「蜘蛛の糸」、新見南吉の「ごんぎつね」といった、今なお読み継がれる創作童話や、北原白秋の童謡などが掲載されました。また『赤い鳥』には子どもの自由な表現による綴方（つづりかた）や詩が多数掲載されました。その影響は学校教育にも及び、従来の文型主義の作文にかわって自由課題の綴方が取り入れられ、児童劇や童謡劇がさかんに行われるきっかけともなりました。

第7章 日本の教育思想と歴史

第5節　戦時下の教育

1.「国民学校令」

　世界恐慌のさなかの1931（昭和6）年に満州事変が勃発すると、軍部が政治的な発言力をますます強め、教育にも軍国主義の影響が色濃くあらわれるようになります。1935（昭和10）年に文部省は社会主義思想や自由主義思想を排除し、天皇中心の「国体」観念を基調とした教育の基本精神の振興を目的とする「教学刷新評議会」を設置し、翌年には教学刷新に関する答申が発されます。さらに1937（昭和12）年には「教育審議会」が設置されました。この教育審議会は、戦時体制下において教育の内容及び制度の改革を断行しました。特に教育審議会による制度上の大きな改革としては、1941（昭和16）年の「国民学校令」の公布があります。学制発布以来用いられてきた小学校の名称が国民学校と改められ、その教育目的は国民の基礎的錬成とされました。国民学校では修身・国語・国史・地理を含む国民科という総合的な教科区分が設置され、「国民精神を体現し、国体に対する確固たる信念を有し、皇国の使命に対する自覚を有すること」を目的としている点に特徴が見られます。

2. 戦況の悪化と「学徒出陣」

　国民学校令では義務教育の修業年限を8年に延長することが決定され、1944（昭和19）年度からの実施が計画されていましたが、戦況の悪化によって実現されませんでした。それどころか、国民学校令が公布された1941（昭和16）年には「大学学部等の在学年限又は修業年限の臨時短縮に関する件」によって、大学や専門学校等の修業年限が3か月短縮され、翌年には高等学校高等科などの修業年限も6か月短縮されています。

　この間の1938（昭和13）年には「国家総動員法」が制定され、戦争遂行のために人的及び物的資源を政府が統制する権利が認められました。さらに1939（昭和14）年に公布された「国民徴用令」は、労働力として国民を強制的に徴用し、戦時体制に協力を強いるものでした。しかし、すでに1938（昭和13）年には、中等学校以上の学生・生徒に対して夏季休暇などの時期に3日ないし5日の簡易な勤労作業への従事が課されています。

　戦争が激化した1943（昭和18）年には、在学期間のうち約3分の1を勤労作業にあてるまでになり、翌年の1944（昭和19）年には「学徒勤労令」が定められて中等学校以上の学徒は常時動員され、学業は停止されました。

勤労動員を教育として行う名目でしたが、事実上は軍隊へ招集された働き手の代替要員でしかありませんでした。また同年12月には理工系学科など一部を除き大学や高等学校、専門学校の在学生の徴兵猶予が停止されたために一斉に徴兵され、「学徒出陣」と呼ばれました。

　1944（昭和19）年には本土への空襲が激化したことから、「学童疎開促進要綱」が定められ、国民学校初等科の児童の都市部からの疎開が推進されました。さらに翌年には「決戦教育措置要綱」によって、国民学校初等科をのぞく学校の授業は4月より原則として1年間停止することになり、学校教育は途絶した状態のまま、1945（昭和20）年8月15日、終戦をむかえます。

みなさんと同じ学生でありながら戦場へ行った方たちの遺書をまとめたのが『きけ わだつみのこえ』という本です。なかには、涙をさそう愛の告白が含まれていたりします。

『新版　きけ わだつみのこえ —日本戦没学生の手記』岩波書店　1995年

第6節　教育の民主化

1. CIEによる「四大教育指令」

　敗戦後、日本は連合軍の占領下に置かれることになり、東京に連合国総司令部（略称GHQ）が設置され、GHQの教育政策に関する部局として民間情報教育局（略称CIE）が設けられました。軍国主義、国家主義を教育から排して、日本が民主主義的国家として再出発するため、CIEが1945（昭和20）年に相次いで提示した教育改革の基本方針を「四大教育指令」といいます。この指令によって、軍国主義的な教師の追放、神道教育の排除がなされ、さらには修身・日本歴史・地理の3教科の授業を停止し、その教科書の回収が命じられました。こうして民主主義教育への転換の基礎となる改革が進められたのです。

　このような改革の現場となった学校においては、これまで軍国主義を鼓吹していた教師が民主主義者に豹変したことや、かつては粗末に扱うことが禁じられていた国定教科書に、軍国主義的な内容など不適切とされる箇所へ墨を塗る、いわゆる「墨塗り教科書」の使用などは、「子どもたちに学校・教

師への不信感を持たせることになった」[2]といわれます。一方で「墨塗り教科書のみならず、戦時中のきびしかった教師の姿勢に対しても概して子どもたちは寛容」[3]で、かつて自分の教えたことの誤りを謝罪する教師を子どもが擁護するという現象も少なからず見られたといいます。

2.「日本国憲法」「教育基本法」「学校教育法」

　1946（昭和21）年には、G. ストッダード（Stoddard, G.）を団長とする第一次アメリカ教育使節団が来日して教育状況の調査を行い、日本の教育の民主化についての意見書をGHQに提出しました。使節団報告書では6－3－3制の学校制度、9年間の義務教育制、男女共学、大学での教員養成などが提言されており、その多くが戦後の教育改革で実現されています。

　同じく1946（昭和21）年には、「日本国憲法」が公布されました。国民主権・基本的人権の尊重・平和主義の三原則を基本原理とし、そのなかでも基本的人権にかかわる第三章「国民の権利及び義務」のうちの第26条は「教育を受ける権利および教育の義務」に関する条項であり、以下のように規定されています。

日本国憲法

第26条
　すべて国民は、法律の定めるところにより、その能力に応じて、ひとしく教育を受ける権利を有する。
　2　すべて国民は、法律の定めるところにより、その保護する子女に普通教育を受けさせる義務を負ふ。義務教育は、これを無償とする。

第2章で同じ条文を掲載していますが、歴史の流れを踏まえて読んでみると、また違った印象があるのではないでしょうか。

　この日本国憲法にもとづく、民主主義・自由主義による教育の根本理念を示すものとして、1947（昭和22）年3月31日に「教育基本法」が制定されました。この教育基本法の制定をめぐっては、戦前に教育理念とされていた教育勅語の扱いが議論されましたが、1948（昭和23）年に衆参両議院において、教育勅語の排除・失効が確認されています。

　また、教育基本法と同日に公布された学校教育法では、戦後の新たな学校制度が示されました。「学校教育法」の制定にあたっては、次の4つが制度

改革の要点とされました。

①教育の機会均等
②普通教育の普及向上と男女差別の撤廃
③学校制度の単純化
④学術文化の進展（大学数の増加、大学院の充実）

　制度面では、国民学校を 6 年制の小学校に改編、中等教育段階をそれぞれ 3 年制の中学校・高等学校とし、6 - 3 - 3 - 4 制の「単線型学校制度」が樹立され、また教育基本法で 9 年と定められた義務教育期間を小中学校で実施することと定められました。

3.「学習指導要領（試案）」

　教育基本法、学校教育法の公布と同じ日に、「学習指導要領（試案）」も発行されました。学習指導要領とは教育課程の基準をなすものですが、この時点では教師の裁量に任せられる部分が少なくありませんでした。それは、戦前の教育が教授要目や教則にもとづく画一的なものであったことに対して反省がなされ、教師が自主性や創意工夫を発揮できるように期待されたからです。そのため学習指導要領はあくまで教員の手引きとして位置づけられ、参考にできるモデルケースという扱いであったといえます。その後、1951（昭和 26）年の改訂からはおよそ 10 年ごとに改訂が繰り返されています。1958（昭和 33）年の改訂以降は試案の文字が消え、文部大臣の公示となったことで、法的拘束力をもつと考えられるようになりました。

> かつては「手引き」であった学習指導要領が途中から法的拘束力をもつようになったことに疑問を抱いた教員や研究者は裁判で争いました。その記録は「旭川学力テスト事件」最高裁判決として残っています。

4. 2006 年の「教育基本法」改正

　教育基本法及び学校教育法は、戦後日本の教育理念・教育制度の規定として 1947（平成 22）年以来半世紀以上の長きにわたって存在し続けてきましたが、2006（平成 18）年に教育基本法が改正、それを受けて 2007（平成

19）年には学校教育法が改正されました。法改正にあたっては、制定から半世紀が過ぎて時代に対応していない、あるいは子どものモラルの低下などが理由として指摘されましたが、これらの改正理由が正当なものであったかには疑問も呈されます。

　教育基本法及び学校教育法の改正という大きな転換点を迎えたことで、戦後の日本の教育制度は2000年代に入ってから、新たな時代に突入したと考えられます。この法改正においては、戦後民主主義に対する反省と刷新、変革を図る目的があったと考えられます。しかし日本の教育史を素直に振り返ると、1947（昭和22）年の教育基本法に見られる教育理念は、戦前の教育勅語と異なり、国益や国家への帰依といった、公布者のための目的に従属させるものではなく、教育を受ける人のための目的が示され、自由が明記されている点で、初めて教育の受け手に対して十分に配慮した、優れたものであったといえます。ところが、改正教育基本法や改正学校教育法では道義的な規定が増え、教育の個人的目的よりも社会的目的に多く寄与することが求められるものとなっています。たしかに教育に社会化の側面があることは必然ですが、民主主義が価値づける多様性の意義からすると、一元的な徳目や規範にしたがうことを求めるのは民主主義からの後退とも考えられます。すなわち、改正によって新たな時代に即応した教育理念が示されたというよりも、むしろかつての教育理念に戻ろうという姿勢がうかがえるのです。私たちは、このような教育理念の変容をいかにとらえるべきでしょうか。

2017（平成29）年の閣議決定では、教育勅語を「憲法や教育基本法等に反しないような形で教材として用いることまでは否定されることではない」と答弁がされました。これに対し日本教育学会や教育史学会など多数の学会が、教育勅語の教材としての使用禁止を求める声明を発表しています。

レッツトライ　　演習課題

Q アジア太平洋戦争（満州事変以降の日本の対外戦争）終結以前と戦後の日本では社会が大きく変化し、教育の制度や、教育に対する考え方にも大きな変化が見られます。どのような変化があったのかを振り返ってみましょう。

ホップ　教育の制度や考え方で変わった点について、戦前を左、戦後を右に→でつないで箇条書きにしましょう。（例：○○→□□）

....

....

ステップ　「ホップ」から１つを選び、「戦前」の教育は今とどのような違いがあるかを想像して、話し合ったことを書いてみましょう。

....

....

ジャンプ　あなたは「戦前」の教育についてどのように感じましたか。感じたことを文章にしてまとめてみましょう。

....

....

....

【引用文献】
1）山住正己『日本教育小史－近・現代－』岩波書店　1987 年　pp.35-36
2）山住正巳　上掲書　p.149
3）長浜功『講座　日本教育史 4　現代Ⅰ／現代Ⅱ』第一法規　1984 年　p.288

【参考文献】
網野善彦『日本社会の歴史（下）』岩波書店　1997 年
今井康雄編『教育思想史』有斐閣アルマ　2009 年
石川謙『日本庶民教育史』玉川大学出版部　1972 年
稲富栄次郎『近代日本の教育思想』学苑社　1978 年
神田修・山住正己編『史料　日本の教育〈第三次改訂版〉』学陽書房　1986 年
仲新・伊藤敏行編『日本近代教育小史』福村出版　1984 年
長浜功ほか『講座　日本教育史 4　現代Ⅰ／現代Ⅱ』第一法規　1984 年
森秀夫『日本教育制度史』学芸図書　1986 年
文部省『学制百二十年史』ぎょうせい　1992 年
文部省『日本の成長と教育』帝国地方行政学会　1962 年
山住正己『日本教育小史－近・現代－』岩波書店　1987 年

第8章
近代教育成立の歴史

今のように印刷機もコピー機もない時代、本は一冊一冊すべて手で写していたのです。このイラストは中世ヨーロッパの修道院の写本の様子です。

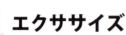

エクササイズ　　自由にイメージしてみてください

世界で初めて鉛筆が作られたのは16世紀のイギリスでした。現在のような鉛筆やノートがなかった時代、子どもたちはどのように勉強していたと思いますか？

第 8 章 近代教育成立の歴史

この章のまとめ！

学びのロードマップ

● 第1節
近代公教育の3つの原則をおさらいします。

● 第2節
近代学校教育すなわち公教育の歴史をおおまかに見ていきます。

● 第3節
近代公教育が誕生した背景を探ります。そこには、さまざまな革命（市民革命、産業革命、農業革命、勤勉革命、読書革命）や近代的な「家族」が成立したことが関わっています。

この章の なるほど キーワード

■「**大いなる分岐**」…産業革命を経た近代国家とそうでない人々では、生産力に大きな差が生まれました。このことは学校のあり方にも影響を及ぼしています。

教育は、政治や経済、メディアなどさまざまな影響を受けて成り立っていることを知りましょう。

第1節　この章の目的

1. 近代学校教育の歴史とはヨーロッパ公教育の歴史

　私たちにとっては、生まれた時から今あるような学校は自明のものとして存在し、保護者がその子弟を学校に行かせることは当然の義務です。また義務教育段階では学費は無償ですし、日本全国統一の教育要領に沿った教育を受けることができます。ですが、人類の歴史全体からすると、そのような学校教育の存在はたかだか150年弱のきわめて限られた時代の産物です。では、このような学校教育はどのようにして出現してきたのでしょうか。この章では、教育の歴史の一部を紐解き、その問いに答えてみたいと思います。

　教育の歴史というと、ソクラテスやプラトンといった古代ギリシャの哲学者からスタートすることが一般的です。しかし、そのような遠大な歴史をたどるのではなく、ここでは現在の私たちの教育の直接の起源となるような近代的なヨーロッパ学校教育の歴史について見ていきたいと思います。というのも、近代学校教育の歴史とはヨーロッパ公教育（こうきょういく）の歴史だからです。そして、その歴史とは、日本をはじめとする世界中の人々が受けている現在の学校教育の起点となるものです。

> **☞深めるワンポイント　まずは確認！ そもそも近代とは？**
>
> 　近代という時代は、ひとくくりに世界中の人々が共通の見解をもっている時代の区分ではありません。たとえば、17～18世紀のヨーロッパ近代社会の誕生期という場合と、明治維新後の日本の近代の端緒という場合とでは、約100年の時間の違いがあります。また、地球上の開発途上国や伝統的な生活を保持している民族では、まだ近代という時代区分が到来していないこともあります。ここでは近代という場合、14～16世紀のルネサンスを経て、中世のキリスト教社会から市民革命などを経て新たに形成された、18世紀以降のヨーロッパ近代を指します。

2. 公教育の3つの原則

　公教育とは、今日を生きる私たちが知っているような学校教育ですが、その原則は国家による教育、義務教育、無償教育の3つです。

近代学校教育＝近代公教育の3つの原則
①国家による教育＝宗教権威などから中立な教育（中立性・世俗性）
②義務教育＝保護者ないしは雇用者が児童に教育を受けさせる義務を負う（義務制）
③無償教育＝主に初等教育における負担なし（無償性）

第8章 近代教育成立の歴史

> Q. 考えてみよう
> 日本における近代公教育は、現在どのような形で実現されているでしょうか。小学校・中学校の今日の現実に即してできるだけ具体的に説明してみましょう。

　このような原則は、今日では市民に共有されているものですが、200～300年前の近代社会黎明期にはまったく自明のものではありませんでした。なぜこの公教育の原則が人々に共有されていったのかということについての背景には、血で血を洗う革命や戦争の歴史もありますし、産業革命や市民社会の形成といった歴史もあります。細かい歴史事象の積み重ねで、歴史の時計の針がじわじわと進み、少しずつ人々の意識が変わっていきました。

　本章では、近代学校教育＝公教育の歴史を概略的に見ていくこと（第2節）、そしてその背景となる歴史を産業革命及び読書革命、家庭の誕生という事象から見ていくこと（第3節）を目的とします。

第2節　近代公教育制度の確立

1. 近代公教育の定義

　ヨーロッパにおいて、17～18世紀ごろまでは、王侯貴族や宗教権力者が土地や労働資材を所有し、民衆を支配していました。そのような王侯貴族、宗教権力の支配による社会形態を「封建的共同体」と呼びます。14世紀のルネサンス以降、遠方や植民地との作物・物品交易などによって、都市部では商人階層が実力をつけていきます。この都市部の商人階層によって、ヨーロッパの各都市の封建的共同体を打破するような運動が行われていくのが17～18世紀のヨーロッパの歴史における革命という事態です。

　商人階層は都市において市民として自治を組織します。絶対的な権力者が封建的に永続的に支配する王権ではなく、市民自らが統治者を選んでいくようなシステムが近代的な国民国家と呼ばれる政治のシステムです。王侯や教会に依拠するのではなく、自分たちで交易し、生活を生み出していくような社会が市民によって作られていきます。都市においては、人々は自らの生活の糧を得るべく、自己の地位や職業を獲得していかなければなりません。

　ただし、完全に自分の生活を生み出していくといったことが可能だったわけではありません。今日でもそうですが、人々には生まれついた家庭や地域といった環境があります。都市の裕福な家庭もあれば、辺境部のそうでない

103

家庭も当然あります。しかし、生まれついた家庭や環境によってその子どもの人生が決定してしまうならば、それは王侯貴族、宗教権力によって支配されているのと変わりがないかもしれません。そうではなく、家庭や環境を越えて人間たる権利を保障し、それぞれがよりよい生活を求めていく希望をもてることが、近代という時代を他の時代と一線を画すのです。実際にはこのような希望をもてることが、多くの国々において具体化するのは20世紀以降になりますが、教育は人々の権利と希望を支え、現実にしようとするものでした。このさいの教育とは、一権力者の恣意によって考案されたものではなく、市民の税や公共財を用いて、国家の合意によって実施されるもので「公教育」といわれます。

その公教育は、西ヨーロッパの資本制国家において19世紀後半に制度的に確立されます。すでに見たような、すべての人々に機会均等を保障する中立性（世俗性）・義務制・無償性の原則をともなっていました。また、公教育には、かつての支配者階層の知的教養ではなく、職業能力を養成することが求められました。そうして、現実の生活で役に立つ母国語の読み書き、商業的計算と宗教にもとづく道徳を中心とする近代教科の体系が作られました。

2. イギリス・フランス・ドイツの近代公教育成立史

以下に、ヨーロッパ主要国の近代公教育成立史の概要を表（8－1・2・3）として示します。イギリスにおいては清教徒革命、名誉革命を経て、絶対王政が打破され、産業革命と相まって近代的な公教育が徐々に作られていきます。フランスでは、フランス革命を起点にして、ナポレオンの登場、その後の政治体制の変転、大陸での覇権争いといったその都度の時代のうねりに巻き込まれながら公教育のシステムが法制化されていきました。ドイツはイギリス、フランスと比べると、長い小国分立で近代化が遅れていました。しかし、その遅れを取り戻すべく、各地域で特色のある教育家が登場し、領内の強国プロイセンを中心としたドイツ統一といった歴史的な事態を契機に教育システムも整備されていきます。いずれの国でも国民国家の確立と公教育制度の確立は連動しています。そして、これはこの章の範疇外になりますが、これらの国が形作った公教育のシステムや思想は、明治維新後の日本にもち込まれ、私たちの学校教育の原型を形作ることになります。

第8章 近代教育成立の歴史

第6章で学んだ重要な名前や語句が表のなかに出てきますよ。

表8-1　イギリスの近代公教育成立史年表

イギリス	
1641年	清教徒革命の勃発
1688年	名誉革命、翌年「権利の章典」発布、議会制民主主義の端緒
1760年以降	産業革命（飛び杼や蒸気機関などの開発によって織物などの大規模生産に端を発する工業化社会の開始）
1802年	工場法「徒弟の健康と道徳に関する法律」、児童の労働時間の制限及び労働時間内での読み書き算を教育する義務が雇用者に課せられる
1816年	オウエンが工場内に10歳までの子どもに教育を施す性格形成学院を設立
1819年～	工場法の改正により児童の保護が進む
1820年	ウィルダースピンが2～7歳を対象にした幼児学校を開設
1800年初頭	助教制（モニトリアル・システム）による学校の普及が進む
1839年	枢密院教育委員会が設置され、政府による民衆学校への監督が開始される
1850年	中産階級や自由主義者らによって、「全国公立学校協会」設立。公費運営の無償の学校設置要求が起こる
1870年	フォースターの主導で「イングランド及びウェールズにおける初等公教育を提供する法律」が公布。学区制定、公選制の教務委員会の設置。子どもに対する出席義務を求めるなど画期的な法律
1880年	小学校教育法によって義務制が確立
1918年	完全無償制の確立

出典：表8-1、8-2、8-3いずれも筆者作成

助教制は、現在に続く「一斉授業」の源流ともいえます。

> ☞注目ワード　**助教制（モニトリアル・システム）**
>
> 　ベルとランカスターによって別々に考案されましたが、共通点が見られる一斉教授で大量の子どもを均質に教育するシステムです。読み書き算といった基本的なカリキュラムを、教師の監督の下、助教（モニター）となる子どもが教えます。この方式によって大量の児童に労働に必要なスキルを速成的に習得させることができるようになりました。

ふりかえりメモ：

表8-2　フランスの近代公教育成立史年表

フランス	
1789年1月	シェイエス『第三身分とは何か』刊行、ベストセラーになる。聖職者・貴族に次ぐ第三身分である庶民による政治主権を説く
1789年7月	フランス革命の発端（バスティーユ牢獄襲撃）
1789年8月	封建的な身分制社会を否定する人権宣言、無償の公教育制度の創設が提起
1793年	ルイ16世、マリー・アントワネットの処刑
1795年	コンドルセの『人間精神進歩史』が彼の死後出版される。近代公教育制度の原型（世俗的な教育の自由、義務教育、機会均等、教育行政の独立など）
1799年	ナポレオン・ボナパルト統領政府樹立
1814〜15年	ウィーン会議によって王政擁護の国際体制へ回帰
1830年	立憲君主制による七月王政の誕生
1833年	ギゾーによる初等教育法（各市町村における公立小学校の設置義務）
1848年	カルノーによる教育法案（小学校の義務制、無償化）
1870年	普仏戦争中、第三共和政の確立。以後、教育無償化、義務化、世俗化などが実現

表8-3　ドイツの近代公教育成立史年表

ドイツ（プロイセン）	
1618年〜	神聖ローマ帝国内で三十年戦争勃発。内乱で300もの領邦国家に分裂していたドイツは近代化が遅れる
1717年	プロイセンでヴィルヘルム1世が民衆学校への就学を勅令で義務化
1774年	ペスタロッチが孤児や困窮児のための学校設立。その後、女子学校や障害児のための学校も設立
1763年	フリードリッヒ大王「一般地方学事通則」を施行。世界初の初等教育就学義務令
1806年	ナポレオン戦争に敗れ、プロイセンの絶対王政が終了。翌年からフィヒテによる連続講演「ドイツ国民に告ぐ」が行われる。ドイツ統一と教育の意義を主張
1819年	ジュフェルンによる教育法案「プロイセン学校制度に関する法案」。単線型学校教育制度、普通初等学校などの公教育制度の構想
1840年	フレーベルが世界で最初の幼稚園設立
1871年	宰相ビスマルクによるドイツ帝国統一
1872年	ビスマルク「学校監督法」、「一般諸規定」制定。ドイツ公教育制度の成立

第8章 近代教育成立の歴史

第3節　産業革命と市民社会

1. 産業革命の概要　－大いなる分岐－

　産業革命とは、1800年ごろのイギリスに端を発する工業化・都市化、それにともなう都市での商品購買を軸とした市民社会の形成を指します。この革命を支えたのは、なんといっても石炭という新しいエネルギーでした。蒸気機関は工場の機械を動かし、鉄道や船のエンジンとなり、工場で作られた商品を運びます。産業革命は次の図で示されるように、人類の生産力向上に"大いなる分岐"をもたらしたとされています。

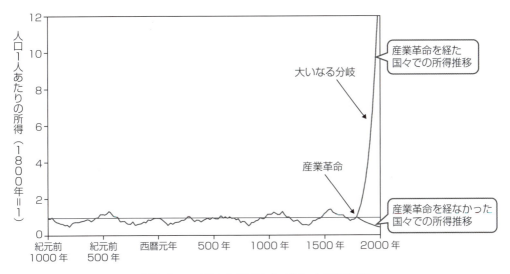

図8-1　現在までの3000年間の1人当たり所得推移

出典：クラーク, G.（久保恵美子訳）『10万年の世界経済史』（上）日経BP社　2009年　pp.14-15

1800年ごろの産業革命以降の生産力の向上がものすごいですね。

注目ワード　マルサスの罠

　「マルサスの罠」とは、イギリスの経済学者 Th.R. マルサスが『人口論』（1798年）に示した貧困の原因についての見解です。人口は幾何級数的に増加するのに対して、土地や生産物資に依存する食糧生産は算術級数的にしか増加しません。つまり、食糧生産は、人口増加に追いつかず、これが民衆の貧困を説明しているという説です。後世の経済史家が、紀元前1000年から1800年頃までの所得にさほど変化がないことを示しましたが、マルサスの見解が当たっていたことになります。"大いなる分岐"とは産業革命を経た近代的な国家の市民とそれ以外の人々との分岐を示します。

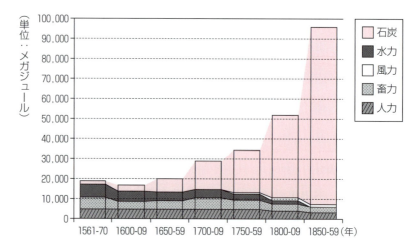

図8-2 イギリスの1人あたりのエネルギー消費量（特徴的な期間を10年間ずつ抽出）
出典：長谷川貴彦『産業革命』山川出版社 2012年 p.56（Wrigley.E.A,Energy and the English Industrial Revolution(2010) より長谷川貴彦が作成したグラフを一部改変）

> 1700～09年の10年間と1850～59年の10年間では、飛躍的に石炭の使用量が増えているのがわかります。

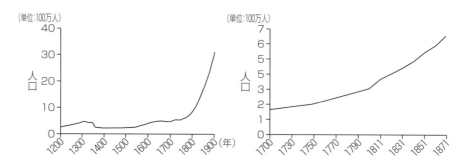

図8-3 イングランドとウェールズの人口増加（左）とイングランドの都市人口（右）
出典：長谷川貴彦『産業革命』山川出版社 2012年 pp.66-68（いずれも Griffin.E, A Short History of the British Industrial Revolution (2010) より長谷川貴彦が作成）

> 2つの図から、イギリスにおいて1800年ごろを起点に急激に人口が増え、都市に人口が集中しはじめていることがわかります。

　ただし産業革命がすべてを引き起こしたのではなく、17世紀以降の農業における生産物の増大（「農業革命」と呼ばれる）や、市民の労働に対する意欲向上（「勤勉革命」と呼ばれる）が相まって、近代の工業化社会が形作られていったということには注意をしておかないといけないでしょう。工業、農業などの生産物の増大、市民生活の変化などが合わさって、ヨーロッパ近代社会が18世紀後半から形作られていったということです。

2. 産業革命と教育

（1）労働スタイルの変化

近代以前の農業や商工業といった伝統的な労働形態では、子どもたちは父祖伝来の土地や地元の市場、工場などで長い間引き継がれてきた仕事のしくみを幼少期から見よう見まねで徐々に習得していきました。この際、事前の説明や仕事のマニュアルなどもなく、家族や職人の親方の仕事を手伝いながらそれぞれの仕事に熟達化していきます。つまり仕事に習熟するのに、読み書きといった学校での学習は必要ありませんでした。またカンやコツといった身体的な感覚にその技能は大きく左右されますので、机上の計算や知識も必要ありません。

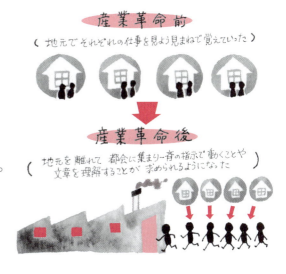

しかし、産業革命以降の機械制分業の工場には、これまでの労働では考えられないような事態が起こってきました。工場のシステムはその都度の新しい技術革新によって変化していきます。また伝えられる情報も複雑になっていきます。このような新たな時代の能力をもった労働者は当初限られていました。機械を用いた分業では、新しい指示を一斉に伝える指示や文章を理解できなければ労働者として勤めることができません。そのようなこともあって、イギリスの助教制のような一斉に均質な能力をもった児童を速成で教育するシステムが急速に広がっていきます。

（2）生活スタイルの変化

また、労働者は地縁のある土地を離れて、工場のある都市に集められて仕事をします。これまでの見知った人々と永続的に暮らし、季節に応じて収穫を得たり、父祖伝来の職人的手法で物を作り続けるような生活形態から、自ら生まれた土地を離れ、見知らぬ都市で新しい仕事を身につけ日々の糧を得る新たな生活形態が普及していきます。生活習慣を異にする人々が増えていく都市では、明文化された規則や道徳も制定されていきます。新たに都市に流入してきた人々が、それらを理解し、市民として生活していくためには最低限の学校教育が必要となっていきますし、以前から住んでいた人々も安定した秩序のために市民道徳教育の普及を急ぐことになりました。こうして読み書きや教育をベースにした市民社会の形成がされ、人々の識字率や書物の出版点数も増加していきます。

（3）読書革命

　以下、表で示しますが、識字率や書物、読書をめぐる変化は18世紀以降目覚ましいものがあり、そのような事態を「読書革命」と称することもあります。それとともに、市民が議論を公共空間で行う民主主義や公共性の確立がなされていきます。すでに見た歴史年表のような大きな事件や政治的変化は、このような市民の心性の変化によってもたらされたものです。つまり、歴史は、年表に書かれているような大きな事象によってのみ変化するのではなく、ゆるやかな社会や人々の心性の変化が背景にあり、大きな事件や政治的変化をきっかけにして変わっていくということです。

ヨーロッパ諸国において徐々に非識字率（文字が読めない人の割合）が下がる、つまり識字率が上昇していることがわかります。

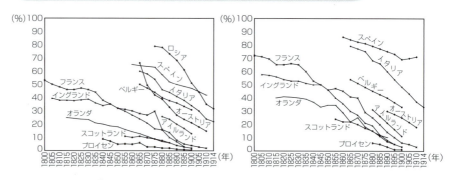

図8-4　1800年から1914年のヨーロッパ各国における非識字率（左が男性、右が女性）

出典：ヴィンセント.D（北本正章編訳）『マス・リテラシーの時代―近代ヨーロッパにおける読み書きの普及と教育』新曜社　2011年　pp.15-16

表8-4　18世紀イギリスにおける年間書籍刊行数（上段：冊数、下段：％）

年代	総計	歴史・地理	美術	社会科学	医学・自然科学・工学	文学	宗教・哲学	法学	参考図書
1701-10	1045.1 (100)	72.6 (6.9)	11.5 (1.1)	217.1 (20.8)	58 (5.5)	193.1 (18.5)	399.1 (38.2)	72.8 (7.0)	20.9 (2.0)
1711-20	1179.3 (100)	82.2 (7.0)	9.3 (0.8)	289 (24.5)	61.4 (5.2)	240.3 (20.4)	415.8 (35.3)	58.9 (5.0)	22.4 (1.9)
1721-30	1003 (100)	89.8 (9.0)	18 (1.8)	162.5 (16.2)	92.5 (9.22)	259.1 (25.8)	308.2 (30.7)	46 (4.6)	26.9 (2.7)
1731-40	1065.7 (100)	85.3 (8.0)	22.2 (2.08)	166.7 (15.6)	80.7 (7.6)	311.7 (29.2)	311 (29.2)	57.5 (5.4)	30.6 (2.9)
1741-50	1184.6 (100)	107.2 (9.0)	16.9 (1.4)	220.2 (18.6)	95.3 (8.0)	301 (25.4)	349.7 (29.5)	67 (5.7)	27.3 (2.3)
1751-60	1355.6 (100)	124 (9.1)	26.8 (2.0)	219.6 (16.2)	108.9 (8.0)	375.2 (27.7)	345.2 (25.5)	120.3 (8.9)	35.6 (2.6)
1761-70	1666.1 (100)	152.8 (9.2)	39.9 (2.4)	234.8 (14.1)	123.1 (7.4)	481.7 (28.9)	345.8 (20.8)	248.5 (14.9)	39.5 (2.4)
1771-80	1823 (100)	193.5 (10.6)	44.2 (2.4)	278.2 (15.3)	162.4 (8.9)	609.6 (33.4)	381.1 (20.9)	88.8 (4.9)	65.2 (3.6)
1781-90	2153.4 (100)	242.9 (11.3)	56.7 (2.6)	403.2 (18.7)	190.7 (8.9)	686.5 (31.9)	412.4 (19.2)	98.4 (4.6)	62.6 (2.9)
1791-1800	2978.5 (100)	309 (10.4)	58.1 (2.0)	648.1 (21.8)	268.5 (9.0)	853.7 (28.7)	625.9 (21.0)	129.7 (4.4)	85.5 (2.9)

1700年から1800年に移っていくにつれて、全体の出版点数は約3倍となっています。また文学という市民に好まれた新しいジャンルの点数は大きく増えています。

出典：長谷川貴彦『産業革命』山川出版社　2012年　p.45（Mokyr,J. The Enlightened Economy: Britain and the Industrial Revolution, 1700-1850（2009）より、長谷川貴彦が作成）。（　）の数値は総計を100としたときに、同時代での割合

第8章 近代教育成立の歴史

> **Q. 考えてみよう**
> 産業革命と相まって、18〜19世紀の近代的な市民社会が形成されたプロセスは、20世紀末から21世紀初頭のコンピュータ、スマートフォン、インターネットなどによるメディア環境の出現による社会変化と重ねられることがあります。どういった点でこの2つの時代は共通点があるでしょうか。また2つの時代の違いはどのようなものでしょうか。具体的に考えてみてください。

3. 近代的な家族の成立

　ここまで近代的な学校教育の成立の歴史を見てきました。その背景には、政治的な革命、工業的な革命、そして書物の出版・識字の革命がありました。しかし、もう1つ忘れてはならない変化があります。それは私たちが今日子どもの生育にとって不可欠と思える「家庭」というものの変化です。この家庭も近代に新たに生まれてきたものだと言われればみなさんにとっては驚きかもしれません。しかし、1780年のパリの警察庁長官の言葉には次のようなものがあります。

> 「毎年パリに生まれる21000人の子どものうち、母親の手で育てられるものはたかだか1000人にすぎない。他の1000人は、————特権階級ではあるが————住み込みの乳母に育てられる。その他の子どもはすべて、母親の乳房を離れ、多かれ少なかれ遠くはなれた、雇われ乳母のもとに里子に出されるのである。多くの子は自分の母親の眼差しに一度も浴することなく死ぬことであろう。何年か後に家族のもとに帰った子どもたちは、見たこともない女に出会うだろう。それが彼らを生んだ女なのだ」
> (E. バダンテール (鈴木晶訳)『母性という神話』ちくま学芸文庫　1998年 (1980年) p.25)

　このような記載を読んでも私たちはにわかに信じることはできません。しかし、このように子どもを育てる家庭ないしは母親というのが歴史的には一般的でなかったということを裏づける証拠はいくつもあります。

　たとえば、1773年から1790年までの間、パリで生まれる1年間の子どもの数2万-2万5千人程度であるのに対して、捨て子の数は、年5千800人(同書のp.174)という記録もあります。これはフランス、特に大都市パリだけの社会現象だと思われるかもしれませんが、同じころ、育児を放棄するのみならず乳児を殺してしまう事件は、当時の社会的な問題でした。その問題は当時の雑誌の懸賞論文のテーマとなり、ペスタロッチ (Pestalozzi, J. H) の『立法と嬰児殺し』(1783年) を代表とするようにそのテーマで数多くの論考が

残されています。このような状況と先の問いを併せ考えると、18世紀後半において情感的な家族や母子のつながりがどこでも見られるものではなかったということになります。

　しかし、産業革命がヨーロッパ大陸にも広がり、大国同士が富国強兵を進めていくなかで、子どもを国家の将来の生産力・労働力・戦力と考える見方が出てきます。子どもが将来の国家を支えるという考えが一般に広がっていくにしたがい、都市や学校、労働環境も徐々に整備され、私たちが今日もっているような子どもに対する見方が生まれ、「子どもの発見」（第2章、第5章参照）といったことも社会のなかで共有されることになってきます。

　もちろん、時代は18〜19世紀の転換期に一気に変わったわけではなく、先の近代公教育の成立と相まって、私たちが知っているような近代的な家庭が徐々に形作られてきます。家族内での両親の役割でも、父親はかつての絶対的な権限をもつ家長から家庭の外に仕事をもつ労働者へと変化していきます。母親も、中世の伝統的大家族のなかで家政を切り盛りする家母から、消費に専念する近代的な主婦へとその像が変わっていきます。そして、母親がその実子の教育の責任をもつという考え方も生まれてきます。近代以降の子どもの基礎教育である読み書き算を家庭で教える母親像も絵画などに多く描かれるモチーフとなりました。

子どもに文字板を用い言葉を教える母の像（ステファニ,H. 著『貴族子弟の教育のための読み書き書』をもとに作成）

4. まとめ

　ここまでヨーロッパにおける近代学校教育＝近代公教育の誕生を、産業革命、読書革命、家庭の形成といった歴史的な背景に重ねて論じてきました。本章で扱った背景には、市民主体の政治権力が革命によって生みだされ、富国強兵に乗り出した政治の歴史、また生産力や市民の知的能力の向上といった社会の歴史、そして市民が次の世代の教育を求め、教育の制度が変革されていった教育の歴史といったそれぞれの分野の歴史があります。どれが原因でこれが結果という因果の連鎖ではなく、それぞれが相互作用を及ぼしながら進んできました。本章はその相互作用の表面をなぞるものですが、現在ある社会や教育の歴史はそれぞれ絡み合っています。みなさんの日常のなかでそのような歴史の絡まりあいについて思いをめぐらせてください。

第 **8** 章 近代教育成立の歴史

 演習課題

Q たとえば鉛筆やノートが普及して、一般の子どもが学習に使えるようになるには工業力の大きな発展が必要でした。このように身の回りのものの歴史に思いをめぐらせ、今の教育や社会のしくみとどのように結びついているかを考えてみましょう。

ホップ　自分なりに考えたことを箇条書きにしてみましょう。

ステップ　考えたことをもとにグループごとに話し合ってみましょう。

ジャンプ　考えたことや話し合ったことを文章にまとめてみましょう。

【参考文献】
E. バダンテール（鈴木晶訳）『母性という神話』筑摩書房　1998 年
横田忍『赤ん坊殺しのドイツ文学』三修社　2001 年
原聡介「近代教育」の項目『教育思想事典』勁草書房　2000 年
長谷川貴彦『産業革命』山川出版社　2012 年
藤井千春編『時代背景から読み解く西洋教育思想』ミネルヴァ書房　2016 年

第9章
子ども観と教育観の変遷

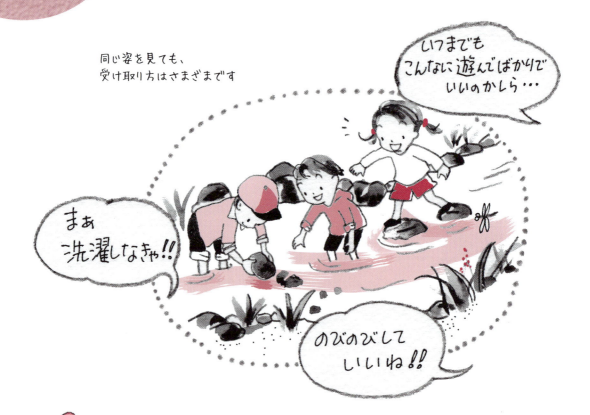

同じ姿を見ても、受け取り方はさまざまです

エクササイズ　　自由にイメージしてみてください

あなたの家庭の教育観や子ども観を紹介してみてください。

第9章 子ども観と教育観の変遷

学びのロードマップ

- 第1節
  子ども観、教育観とは何かについて考えます。

- 第2節
  従来行われてきた体罰を否定する自由で新しい「近代的子ども観、教育観」の誕生とその流れを押さえます。

- 第3節
  科学的な立場から子どもの育ちを見ようとする「生物学的子ども観、教育観」を紹介します。

- 第4節
  子どもの育ちや教育の本質を社会や文化に求める「構築主義的子ども観と教育観」について解説します。

- 第5節
  それぞれの集団や社会によって子ども観や教育のしくみは異なることを前提とする「構造主義的子ども観と教育観」を学びます。

- 第6節・第7節
  これからの子ども観、教育観について考えます。

この章の なるほど キーワード

■「**コンピテンシー（能力）**」…単なる知識や技能だけではなく、人が特定の状況のなかで技能や態度を含む心理的で社会的な力を活用し、より複雑な要求や課題に対応する能力。

「コンピテンシー」はOECDが研究しているもので、これからの教育観のキーワード。日本の文部科学省にも大きな影響を与えています。

第1節　子ども観、教育観とは何か

1. 私たちは主観を排除することはできない

　ふだん、私たちは自身の目に映るものを事実として受け止めます。事故や事件が起きた際、目撃者は重要な証人です。しかし、目撃者の証言がすべて事実かといえば、必ずしもそうとは言えません。そこには事実以上に、主観的な「思い込み」や「偏見」が多分に含まれているからです。

　どうしたら思い込みを排除できるか、古代ギリシアの時代から現代に至るまで多岐にわたる議論がありました。そのなかには、人間の視覚による事実の把握の難しさや、事実は単にイメージとしてしか再現することができない、といった意見などがありました。これらの意見から導き出せる現時点の答えは、物事から主観的な思い込みを排して客観的な事実だけを取り出し説明することは大変困難だということです。つまり、主観は避けて通れず、主観的である子ども観や教育観をもたずして客観的な子どもや教育の存在を理解し、さらに働きかけることはできないのです。

　本章では、主「観」（＝子ども観と教育観）と事実（＝子どもや教育）との関係に着目し、ある特定の主「観」や立場（＝ある人物の主張）に立つことによって、事実がどのように解釈または説明されるのか時代を追って見ていきます。時代や場所によって、「子どもとはこうである」や「教育とはこうあるべき」といった考えが理解されるようになるのは、ある特定の主「観」や立場に多くの人々が共感ないし納得することで生じるのです。

2. 子ども観や教育観によって、導き出される実践が変わる

写真1
（RESTROOMの表記）

写真2
（ALL GENDER RESTROOMの表記）

　写真1を見てみましょう。この写真は何を示しているのでしょうか。日本国内で見かけるような色によっての区分はなされていませんが、トイレのサインであることは一目瞭然でしょう。これは、外国の高校のトイレの入り口

に掲げられているサインです。「女性｜男性」といった区別が、トイレであることを示唆しています。次に、写真2ですが、これもトイレであることがすぐにわかります。しかし、誰がこのトイレを使用するのでしょうか。

校長先生によると、いまから2年ほど前に生徒から寄せられた要望によってこのトイレが増設されたとのことでした。ふだん目にする、写真1のトイレは女性や男性といった生物学的性によって区分されています。しかし、写真2は生物学的性に寄らない、性別を自認する生徒のために設けられたものです。昨今では、LGBTと呼ばれる人たちの一部がこれに該当します。約2年前まで、この高校には女性か男性のどちらかの子どもしかいなかった、もしくは生物学的性しか広く認知されていませんでした。しかし、その後、LGBTといった性自認による子ども「観」が広まることで、2つの性以外の子どもたちに新たな場所がこの高校に用意されたのです。つまり、子ども観とは子どもに対する特定の見方を指示し、教育観は特定の教育実践を導き出すといえます。

ふだん目にする子どもの姿とは、実は私たちがすでに持ち合わせている子ども観によって生じ、日常の教育実践も特定の教育観から導き出されているのです。教師や保育者を目指すみなさんには、多々ある子ども観や教育観のなかから自覚的に子ども観や教育観を選んだり、自分なりの見方を確立したりすることで、その後の教育実践の指針となることでしょう。

第2節　近代的子ども観と教育観

1. 子どもはかわいくなかった!?

「子どもはかわいい」と思えるようになったのは、実は最近の話です。ヨーロッパでは一般的に、19世紀を迎えるまで子どもとは生まれながらにして堕落した醜い存在とみなされていました。いわゆる「原罪」という子ども観が社会を支配していたのです。このヨーロッパ中世以来の子どもに対する見方には、子どもを大人と区別せず、子どもが大人同様に仕事に従事し、飲酒も結婚もあたりまえとする「小さな大人」観を含みます。特に、原罪を主とした子どもに対する性悪説は、子どもが示す意志や頑固さを神に対する不服従の萌芽とみなし、子どもに従順さを求めて鞭打ちなどの体罰を容認していました。

> フランスのフィリップ・アリエスは『〈子供〉の誕生』のなかで、子ども期や子どもとしての思い出、そして子どもの感受性などが、いかに今日的な産物か説明しています。

2. 新しい子ども観の系譜 ―ロック、ルソー、フレーベル、マン―

　その後、王政が倒れ政教分離と世俗化による近代国家が誕生し、人々が身分制度から解放され、公教育が制度化されるようになると、性善説がそれまでの性悪説にとって代わるようになります。王権神授説を否定し、人々の付託によってこそ国家は統治されると考えたイギリスのロック（Locke, J.）は性善説による近代的な子ども観や教育観を以前から展開していましたが、特に体罰をもって子どもを服従させるような教育を強く否定する一人でした。

> 「奴隷的肉体的罰は、賢明、善良で純真な人間にさせたいという子供の教育に用いるに適した訓練法ではありません……善良、賢明、有徳の士にするためには、［子ども自身が］自分の欲求に打ち勝つことを習い、理性がその反対を忠告し、またその義務が要求するときはいつでも、自分の欲望に逆らって、富、美服、味覚を楽しむことなどを好む性向を、自制することを学ぶ必要があります」[1)]
> 　　　　　　　　　　　　　　　　　　　　　　　　　　　［　］は著者注

ロックは、人間とはまっさらな白紙の心で生まれてくるとして白紙説（タブラ・ラサ）を唱えました。

　こうした子どもの態度は、大人による子どもへの称揚や称賛、尊重などの情愛による教育によってこそ育まれると彼は考えました[2)]。
　ロックに強い影響を受けたフランスのルソー（Rousseau, J-J.）は『エミール』のなかで教育とは「子どもの進歩と人間の心の自然の歩みに従」う営みとであるし[3)]、「子どもが生まれながらもっている自然の善性をまもりつつ育ててゆく教育の過程」という成長の概念を「自然」に付加しました[4)]。
　また、生まれながらにして内在的に子どもがもつ力への尊重は、ドイツのフレーベル（Fröbel, F. W. A.）にも受け継がれます。日本の幼稚園教育に大きな影響をもたらした彼の教育観は、外部にある神へと子どもを近づけるのではなく、「意識し、思惟し、認識する存在として人間を刺激し、指導して、その内的な法則を、その神的なものを、意識的に、また自己の決定をもって、純粋かつ完全に表現させるようにすること」とし[5)]、人間には神的な力がすでに内在しているのだからそれを引き出すことが教育の使命と考えました。フレーベルによれば、遊びは人間に内在する本質や可能性を引き出し表現する重要な手段とも考えられていました。
　近代公教育の父と呼ばれたアメリカのマン（Mann, H.）は、子どもの前で腕力と鞭をふるう以外に能力のない教師を厳しく批判したうえで、これからの「教師はその気質において高潔かつ高尚なお手本として、また子どもの目には威厳と学識、博愛を体現したように映るよう振る舞う」存在であると定義しました[6)]。新制度の下、学校では、暴力に代わって、教師の慈愛に満

ちた環境のなかで子どもたちの生得的な能力を育むことが目的とされます。

3. 近代的子ども観とは

　近代的子ども観の特徴は、絶対的な権威が子どもの外から内へ置き換えられることで性悪説から性善説へと転化し、近代的教育観は体罰といった暴力から愛情や思いやりといった感情によって大人と子どもが教育的関係を結ぶよう変化していきます。絶対的な権威である「神」や、「自然」や本性、そして道徳的「良心」などは子どもの奥底に内面化されていきます。大人によって見守られ、育み、尊重されるこうした絶対的権威は、子どもが常に善悪の判断を良心に照らすことで自らを律するという自己管理や、自身の内面をみつめること（たとえば、内省すること）で自己の確立を目指すようつながっていきます。19世紀初頭において、子どもは大人による体罰や制裁から解放される一方、他方では新たにもたらされた自由や尊厳が自身の良心や自己の確立といった別の方法で、子どもたちの生き方を制限するような道を開いたのかもしれません。

第3節　生物学的子ども観と教育観

1. 子どもの内面への科学的アプローチ

（1）ダーウィンの「生物学的普遍性」

　近代的子ども観、教育観への転回は、子どもの内面への関心を深めていきます。たとえば、進化論で有名なイギリスのダーウィン（Darwin, C. R.）は感情表現に着目し、子どもを含むすべての動物を科学的立場から説明しようとします。つまり、子どもと動物の間には一定の共通項や法則が見て取れると考えました。人間に特有と考えられがちな「母親の子どもに対する愛」でさえも、人間より下等とされる動物において「愛に関連した接触に由来する同じ喜びの原理が分かって」いると明らかにし、ネコやイヌ、サルでも愛情の印として身体接触を行うとダーウィンは説明しました[*1]。19世紀後半か

ダーウィンはすべての生命が共通の祖先でつながっていると考えました。

＊1
ダーウィンはイヌやネコ、サルも人間と同様に愛情の証としてふれたり、撫でたりするとし、愛情も生物学的に説明可能としました。八杉龍一編『ダーウィン』平凡社　1977年 pp.166-167

ふりかえりメモ：

*2 生物学的普遍性は、人種間における隔たりを埋めることを示唆しています。

ら20世紀にかけて自由と平等といった理念が市民革命によって掲げられるなか、あらゆる種*2において生物学的普遍性を追究しようとする科学的取り組みが生まれます。

(2) ホールの「発達過程」

ダーウィンの影響を強く受けたアメリカのホール (Hall, G. S.) は、同様に、子どもの内面世界である人間の心理について科学的立場から研究を推し進めました。ホールの科学的な立場は、感情表現を引き起こす心理的なしくみやメカニズムを明らかにしようとします。たとえば、ホールは子どものつくウソについて説明する際、子どもが「過ちを取りつくろう」がゆえに却ってついてしまうウソや、格好をつけるためのウソ、敵につくウソなどと7つの形態に分類し、それぞれ分析を加えました[7]。また、ホールは子どもを観察し、分析を行う実証的な研究から、子ども期が青年期と児童期から成立することを明らかにしました。さらに青年期を調べることで、乳幼児期の生活体験と青年期が深いかかわりのあることをホールは発見しました。こうして、乳幼児期から児童期、青年期といった一連の発達過程が新たな子ども観としてホールによって築かれました[8]。

(3) エレン・ケイの「子どもの権利」

進化論にはダーウィンの流れを汲むほかに、適者生存による自然淘汰と遺伝とを念頭においた進化論がありました。エレン・ケイ (Key, E.) は、後者の立場から「子どもの(親を選ぶ)権利」を保障することが人類の進化の摂理に見合うものと考えました。環境への適応能力が高く生存競争に強い子ども観を念頭に、男女の両性が「自然淘汰の法則を十分に学びとってこの法則の精神に従って行動」することを力説し、自由な恋愛にもとづいた精神的に次元の高い結婚と出産を主張しました*3。生物学的普遍性は両性の自由意志と平等を保障しつつ、その一方で「母性」を女性に備わった本質的な能力として家庭で発揮するよう説いています。

*3 当時、女性は自由な結婚が制限されていました。エレン・ケイ『児童の世紀』冨山房 1979年 p.39

2. 個人差の発見

生物学的な子どもに対する見方は、ホールやエレン・ケイを好例として、人種や性別において生得的能力に違いがないことを明らかにしました。しかしながら、同じ科学的な立場を取り子どもを対象とする小児医学では、発達段階を成熟へのプロセスとみなし、子どもを未熟でかよわい存在として大人から区別するようになります。さらに小児医学は子どもへの社会的影響、と

りわけ社会階級によっては子ども同士で違いがみられることを強調するようになりました[9]。進化論は、結局のところ、子どもという存在を説明するためのその他の要因（社会的、文化的、経済的な要因など）を用意するきっかけとなったのです。

第4節　構築主義的子ども観と教育観

1. 生物学的な要因から文化的・社会的な要因へ

子どもそのものから子どもを取り巻く環境へと視点を移した見方です。

生物学的に子どもの姿が解明されるようになると、「子どもの未熟さは生物学的な事実であるが、その未熟さがどのように理解され、どのような意味が与えられるかは文化の問題」とする立場が登場するようになります[10]。

未熟さをどのよう評価し、どのように取り扱うかは、社会における習慣や慣習が決定するというわけです。子どもとは何か、教育とは何かを問う際、その本質や性質を文化や社会に理由を求めることを「（社会）構築主義」といいます。換言すると、それまでは生物学的な自然（というしくみ）にその理由を求めていたのに対し、構築主義では文化や社会にまでその説明を求めるようになったのです。

特に、20世紀初頭はアメリカのウォール街に端を発した株式の大暴落が世界中に経済不況をもたらし、貧困や失業、さらには職を求める人々の移動や越境によって、多くの家庭やその子どもが影響を受けました。これらはもはや生物学的な事実として取り組むことができる課題ではなく、習慣や慣習といった文化的で社会的な事実から子どもや教育のあり方を問い直す必要が生じてきます。すなわち、子どもの学習環境を改善し、日常生活が見直されれば、子どもはより学び、よく育つという見方を生み出していったのです。

2. 子どもを取り巻く「環境」に着目したモンテッソーリ

医学の研究から子どもの問題に関心をもちはじめたイタリアのモンテッソーリ（Montessori, M.）は、それまでの医者は治療法に、教師は授業法やしつけにしか関心を払わなかったのに対して、各々の子どもが置かれた社会環境や生活習慣を理解し、配慮するだけで子どものやる気や態度は著しく向上することを実証しようとします。

> 「[昨今、猫背や近眼の子どもが増えているにもかかわらず] 最近の学校衛生の論文はその分野の思想や研究をまとめているに過ぎない……近眼の主原因は生徒が置かれている学校環境に見出される。つまり、不十分な採光、決まって小さすぎる教科書……は、眼の疲労の最大原因となる……それなのに教師という暴君はお説教で生徒の犠牲心をかきたてる。坐るのに疲れたら起立させ、書くのに疲れたら休息させるのは、いとも簡単なことで、これくらいのことで生徒の骨は救われるのに」[11]　　　　[　]は著者注

　モンテッソーリは、さらに子どもの「心身検査票」の活用を提起します。この票には心身の状態のみならず、子どもが家計を助けるために「学校に来る前に新聞配達とか、新聞を売るとかの仕事をしてきているので、学校に着いても、疲れて、ほかの子どものように勉強ができ」ないなどが記録されました[12]。すなわち、学校での子どもの態度や学業成績は、その子の家庭の状況によって左右されるものの、多少の配慮を加えるだけで教育効果は上がると彼女は考えました。

3. 教育に「日常」を取り入れたデューイ

　心理学をホールの下で学んだアメリカのデューイ（Dewey, J.）は、子どもの未熟さを「成長の可能性」と呼び、大人への依存は「積極的な勢力ないし能力－成長する力」と見なしました[13]。そして、子どもの成長は日常生活や作業、慣習から構成される「いろいろな活動的な仕事」を学校教育に取り入れることで促されると考えました[14]。子どもの日常を教育に取り入れることで、興味や関心といった子どもの心理と、衣食住といった社会生活を統合する経験主義的な教育観を確立させます。

　子どもや教育を理解するために、従来の生物学的要因を補うようにして、一部の教育学者が文化的で社会的な要因を取り上げるようになりました。この生物学的要因と文化的で社会的な要因は相反しているように見えますが、実はすべての子どもを普遍的な存在としてとらえ、すべての教育を合理的に説明できると考えている点で共通しています。

第9章 子ども観と教育観の変遷

第5節　構造主義的子ども観と教育観

1. 学校は職場の縮図？

　ある所属社会や集団において、子どもや教育にある種の均質性や固有さを見つけることを構造主義的子ども観、教育観といいます[15]。逆説的にいうと、それぞれの所属社会や集団によって子どもへの対応や教育への期待が異なるのは、社会を成立もしくは維持させるしくみが違うからです。

　たとえば、前述した生物学的な見方と構築主義的見方が人種や性別、出自にかかわらず子どもや教育において共通項を見つけようとしたのに対し、構造主義的な見方では各々の所属社会や集団が独自の文化的で社会的なしくみによって維持されると考えます。現在、多くの国や地域で学校制度が共通して存在しますが、構造主義的な教育観ではその国や地域における学校の果たすしくみや役割は異なると見なします。こうした構造主義的な見方は20世紀半ばに顕著となりました。

　資本主義社会において、アメリカのボウルズとギンタス（Bowles, S. & Gintis, H.）は学校を職場の縮図となっていると見なし、子どもたちは労働者としての適性を学校で身につけていると批判的に考えました。

構造主義のリーダー的存在である研究者レヴィ＝ストロースは、西洋文明とアマゾンの密林に住む人たちの間に文化の優劣はないとする革命的な説を唱えました。

> 「教育の社会的関係の構造は、学生たちを職場の規律に慣れるようにするだけでなく、職場適性の重要な要因となるような形の行動様式、自己表現、自覚、社会階級意識を発展させる。具体的には、教育の社会的関係－学校管理者と教師、教師と学生、学生と学生、学生と職業の関係－が労働のヒエラルキー的分業を再現するということである」[16]

　学校における「先生と児童生徒」の関係は、職場の「上司と部下」の関係に対応しており、そこでは多分に上下関係が含まれるといいます。さらに、学歴は職業選択の幅と職階の上昇移動に対応していると結論づけました。こうした対応関係が生じ、維持されるのは米国が資本主義社会であることと関連しているといってよいでしょう。

2. 格差は引き継がれる？

　一方、階級社会において、イギリスのバーンステイン（Bernstein, B.）は子どもが学校生活などで用いる言語（たとえば、言葉遣いの違い）を通じて

出身階級との結びつきを強くすると考えました[17]。中産階級の子どもたちは学校での言葉遣い（たとえば、教師のしゃべり言葉、テキストの説明、仲間同士のコミュニケーション等）に慣れているため、学校に順応しやすく、また成功体験につながる傾向がみられました。結果として、卒業後の進路は親と同じ職業に就くだけでなく、自身の階級以外の職業をも自由に選ぶことができるようになります。それとは逆に、労働者階級の子どもたちは学校でのコミュニケーションが自分たちにとって親和的でないことで疎外感を味わい、結果的に親の職業を継ぐことで同じ出身階級に留まることになります。学校は、コミュニケーション等によって、子どもが自身の所属する階級的価値観を暗黙のうちに確認したり、身につけたりするといった「社会化」の主な担い手と考えられました。

ポール・E・ウィリス『ハマータウンの野郎ども』は、イギリスのある若者たち（野郎ども＝不良）が「大人になる」「社会に出る」にあたっての葛藤を描いた名著として知られています。

　学校で子どもが社会化されるのは、資本主義社会や階級社会に限ったことではありません。そのほか、構造主義的な見方には、「女性らしさ」や「男性らしさ」を強調するジェンダー化社会と、ジェンダー化に果たす学校の役割に着目する見方があります。

第6節　これからの子ども観と教育観

1. 複雑で境界線のあいまいな現代

　イギリスのプロウト（Prout, A.）は、子どもの存在や教育という営みを含む「社会現象は、文化と自然が寄せ集まって実現するような、複雑な実在として理解されるべき」と主張しています[18]。これまで述べてきた宗教と科学、科学と文化や社会、資本主義社会と階級社会といったように、どちらか一方の立場に立って子どもや教育を説明するには限界が来ているというのです。

　たしかに、子どもを含む私たちは、これまで以上に地域や国境を越えて社会と社会の間を移動できるようになりました。また、性自認のように文化的で社会的な影響が、生物学と同様に、子どもに与える大きさも明らかになってきました。

　ポストマン（Postman, N.）は、情報テクノロジーの進歩によって子どもと大人の差が消滅しつつあるといいます[19]。テレビやインターネットの普及は、学校以上に、多くの情報量を子どもと大人の区別なく与え続けます。以前、テレビは子どもの読み書き能力を低下させる原因とされましたが、同時に大人の文字に対する関心も下げたと指摘されており、ここでも子どもと大人の差は縮まっているかもしれません。

第9章 子ども観と教育観の変遷

　さらに、ソーシャル・ネットワーク・サービス（SNS）の発達は、人権から政治経済的価値、趣味嗜好から日常生活などを共有することで、子どもと大人の世代間を越えた新たな人間関係を作り出しています。

2.「コンピテンシー」という新しい教育観

　こうした時代の変化に対応して、新たな教育観が登場しています。たとえば、パリに本部を置くOECDのDeSeCoプロジェクトは、複雑化する今日の社会において人々が乗り越えなければならない課題を解決するには「コンピテンシー」が有効としています。

> 「コンピテンシーは、知識や技能以上のものである。特定の状況の中で（技能や態度を含む）心理社会的な資源を引き出し、動員することにより複雑な需要に応じる能力をコンピテンシーは含んでいる。たとえば、効果的にコミュニケートする能力は、個人の言語についての知識、実践的なIT技能や態度を伝達しようとする相手に対して活用するコンピテンシーである」[20]

　地域や国境、政治・社会体制、人種や性別などを超えて、人々がかかわり合うには単に言語に通じているだけでは不十分で、SNS等の情報テクノロジーを活用できる力や、「他者」とかかわる寛容さや好奇心といった人間力が求められます。つまり、国語の知識や外国語の技能のほかに、情報テクノロジーの活用や自身の姿勢や態度といった総合的な力を身につけることが新たな教育観として掲げられています。

　同様に、ジュネーブに本部を構える国際バカロレア[*4]は、3歳から19歳を対象とした教育プログラムにおいて、「知識や学力にとどまらない、人間として幅広い能力と責任感を育むこと」を目標に置いています[21]。こうした目標は、探究心やコミュニケーション能力の獲得、世界共通の価値観である人権の尊重や他者との共存、そして知徳体のバランスの取れた人格完成によって達成できるとされています。

*4
世界140以上の国と地域の4,800校に上る学校が国際バカロレアを採用しています。

ふりかえりメモ：

3. 予測不能な未来に生きるための「資質・能力」

　つまり、これからの子どもたちが歩むであろう社会は予測不能で、学校が教えていることも時代の変化によっては通用しないであろうという問題意識が世界規模で共有されているのです。2017（平成29）年3月に改訂された日本の学習指導要領は、こうした問題意識を共有したうえで、「新しい時代に必要となる資質・能力の育成」をこれからの時代の教育観として掲げています[22]。そこでは、「知識及び技能」、「思考力、判断力、表現力等」、「学びに向かう人間性」を身につけた子ども観が提示されています。これまでは、「ゆとりか学力か」といった具合に「知識及び技能」の程度の差が教育問題として取り上げられてきましたが、こうした対立的論争から離れ、「思考力、判断力、表現力等」と「学びに向かう人間性」がともなってこそ「知識及び技能」はいかされると考えられています。子どもにいくら「知識及び技能」が備わっていたとしても、それをどのような場面でどのように使いこなし、誰や何のために用いるのかわからなければせっかくの教育は無駄になってしまうというわけです。

第7節　まとめにかえて

1. 子ども観、教育観に正解はない

　この章では、性悪説から性善説への転換を好例として、子どもや教育に対する理解や説明の仕方が変わることで、子どもへのかかわり方や教育に対する姿勢までも変わることを時代に遡って述べてきました。しかし、現在でも宗教色の濃い「インテリジェント・デザイン（偉大なる知性）」[*5] と呼ばれる反・進化論が存在するように、時代と関係なく、さまざまな子ども観や教育観がいまも生き続けています。

　確かに、近代の子ども観や教育観は前近代のそれを否定することから始まりました。いかに宗教的影響から逃れるかが、近代の子ども観や教育観の出発点であったわけです。それと同じように、生物学的子ども観や教育観は、文化的で社会的な子ども観と教育観を導き出しました。資本主義社会的な子ども観や階級社会的教育観も、文化的で社会的な子ども観や社会観の批判のうえにできあがった見方でした。

　気をつけておきたいことは、時代が古いから誤りであるとか、批判の対象とされたから間違っているとかではなく、それぞれは意図や目的があって生

*5　旧約聖書をもとに、人は神の手によって創造されたという考え方で、進化論を否定する立場です。

まれた子ども観であり、教育観であるということを知っておきましょう。そして、正誤や善悪の点から子ども観や教育観を判断するのではなく、特定の子ども観や教育観がどのような考え方や価値観によって支えられているのかを理解するよう努めることが大切なのです。

2. 他者との共生を念頭においた子ども観、教育観へ

　たとえば、日本にやってきたニューカマーの親子は、時に私たちとは異なる親子関係の結びつきを見せます。ハグ（抱擁）やキスなど感情表現はその良い例でしょう。同様に、子どものしつけが大変厳しいこともあります。その際、私たちがもっている子ども観や教育観から一旦離れ、彼らの子ども観や教育観をわかろうとすることが大事です。自身の子ども観や教育観からニューカマーの子どもや子育てを判断すると、彼らの親子関係を理解しようとするよりも、相手の文化や慣習をおとしめてしまったり、否定することにつながりかねません。

　これからの子ども観や教育観は、こうした他者との共生などを念頭に生まれるのではないでしょうか。他者は外国人だけではありません。SNSなどのネット空間などで、出会う人たちも対象です。自分の考えや生き方、趣味嗜好や年代と異なる人たちと、どのように共存していったら良いかを念頭に作られた子ども観であり教育観です。すべての人々が、こうした子ども観や教育観を共有できるかはいまだ不明です。経済的に不利な立場に立たされる人たち、排外主義の人たちにとっては、これからの子ども観や教育観は決して身近とはいえないからです。

　今後、子どもに対する理解や教育への取り組みはますます難しく、複雑になっていくことでしょう。その際、子どもや教育の背後には、必ずある特定の子ども観や教育観が存在し、問題として意識化されていることに気づいてください。主観的な見方と客観的な事実の関係がわかると、感情や善悪の基準から離れ、自分の理解を基に状況を判断することができるようになるでしょう。

Q 自分の子ども観、教育観について考えてみましょう。

ホップ あなたにとって「子どもとは何か」、「教育とは何か」を箇条書きで書き出してみましょう。

ステップ ホップの課題を友だちと共有し、その理由や根拠を説明し合ってください。

ジャンプ 共有した理由や根拠のなかに、本章の内容と近い箇所がありましたか。あれば、その箇所がなぜ近いと考えたのか説明してみてください。

第9章 子ども観と教育観の変遷

【引用文献】
1）ロック『教育に関する考察』岩波書店　1967年　pp.65-66
2）同上書　p.70
3）ルソー『エミール 上』岩波書店　1962年　p.49
4）桑原武夫編『ルソー』岩波書店　1962年　p.45
5）フリードリッヒ・フレーベル『人間の教育』岩波書店　1964年　p.13
6）Mann, H., *Reply to the "Remarks" of Thirty-one Boston Schoolmasters on the seventh annual report*, Boston: WM.B. Fowle and Nahum Capen, 1844, p.135
7）Hall, G.S., "Children's lies," *The Pedagogical Seminary*, Vol. I .1891, p.211
8）岸本弘「解説」『子どもの心理と教育』明治図書　1968年　pp.196-197
9）アラン・プラウト『これからの子ども社会学』新曜社　2017年　pp.70-79
10）Allan Prout and Allison James, "A New Paradigm for the Sociology of Childhood? Provenance, Promise and Problems," *Constructing and Reconstructing Childhood: Contemporary Issues in the Sociological Study of Childhood*, London: Routledge-Falmer, 1997, p.7
11）モンテッソーリ『自発的活動の原理』明治図書　1990年　pp.82-83
12）マリア・モンテッソーリ『モンテッソーリ教育の実践理論』サンパウロ　2010年　p.220
13）デューイ『民主主義と教育（上）』岩波書店　1975年　pp.74-76
14）デューイ『学校と社会』岩波書店　1957年　p.29
15）前掲書9）pp.102-103
16）S. ボウルズ・H. ギンタス『アメリカ資本主義と学校教育』岩波書店　1986年　p.223
17）バージル・バーンステイン「社会階級・言語・社会化」『教育と社会変動 下』東京大学出版会　1980年　p.244
18）前掲書9）p.131
19）ニール・ポストマン『子どもはもういない』新樹社　1995年　pp.147-148
20）ライチェン、サルガニク編著『キー・コンピテンシー』明石書店　2006年　p.201
21）非営利教育財団 国際バカロレア機構『国際バカロレア（IB）の教育とは？』International Baccalaureate Organization (UK) Ltd. 2014年　p.4
22）文部科学省「学習指導要領のポイント等：改訂のポイント」http://www.mext.go.jp/a_menu/shotou/new-cs/1384662.htm（平成29年9月21日閲覧）

第10章
教育行政および学校経営の基礎

 エクササイズ　　自由にイメージしてみてください

保育や教育に関する法令はたくさんありますが、もしこれらがなかったらどんなことが起こると思いますか？

第10章 教育行政および学校経営の基礎

この章のまとめ！

学びのロードマップ

- 第1節
  教育の基盤を支える法的な枠組みについて説明します。
- 第2節
  保育・幼児教育のこれからについて制度や課題を概説します。
- 第3節
  学校経営に関する近年の動向や課題について説明します。

この章の なるほど キーワード

■ **「チーム学校」**…2015（平成27）年の中央教育審議会答申で登場したキーワードです。「校長のリーダーシップの下、学校のマネジメントを強化し、組織として教育活動に取り組む体制を創り上げる」とともに、「学校や教員が心理や福祉の専門家や専門機関と連携・分担する体制を整備し、学校の機能を強化していく」ことが求められています。

> 小学校でも保育所でもどこでも、職員はチーム一丸となって子どもの育ちを支えていきたいものです。

はじめに

　本章の目的は、教育行政の基盤にある法的枠組みと学校経営の基礎について理解することです。そもそも学校教育は、さまざまな法的枠組みのもとに方向づけられ規制されると同時に、種々の助成により成立しています。ここで、教育に関するすべての法令に触れることはできませんが、保育者・教育者としておさえておくべき基礎的な部分について、簡潔ながら見ていくことにしましょう。また、近年大幅に重要性が高まってきている校長（園長）のリーダーシップおよびマネジメントについても理解を深めておきましょう。なお、章全体を通して、小学校以上の学校教育行政に関する論述が中心とはなりますが、保育・幼児教育行政についても一部必要事項については記しておきたいと思います。

第1節　教育行政の基盤にある法的枠組み

1. 日本国憲法

　国民主権、基本的人権の尊重、平和主義という基本理念に基づく日本国憲法は、国の最高法規であり、このもとに法律、政令、省令といった各種の法令が定められています。憲法で、教育それ自体について直接定めているのは26条であり、ここには「教育を受ける権利」「普通教育を受けさせる義務」「義務教育の無償」について記されています。学校教育は、憲法26条を保障するため、「教育基本法」「学校教育法」をはじめとする数多くの法令等に基づいて設置、管理されています。

　なお、憲法制定（1947（昭和22）年）からこれまでの間に、「教育権の所在（国家か国民か）」「義務教育の無償の範囲」「教育の機会均等」「教師の教育の自由」「親の教育権」「宗教教育」ほかさまざまな法的争点が存在してきました。それらは26条以外にも、主なものとして19条（思想及び良心の自由）、20条（信教の自由）、21条（集会・結社・表現の自由、検閲の禁止、通信の秘密）、23条（学問の自由）、89条（公の財産の用途制限）などの解釈について議論されてきたものといえます。

法の枠組みはこの章の扉のイラストを参考にしてください。

2. 教育基本法

(1) わが国の教育法制の土台

　教育基本法は、第1章「教育の目的及び理念」、第2章「教育の実施に関する基本」、第3章「教育行政」、第4章「法令の制定」からなる全18条の法律で、教育関係法令や教育政策の指針、基準としての役割を果たすものです。本書第2章でも触れた、1条「教育の目的」にはじまり、2条には「教育の目標」が5つ掲げられています。またこれとは別に、5条2項には、義務教育として行われる普通教育の目的が記されています。

(2) 2006 (平成18) 年の改正

　なお、1947 (昭和22) 年に制定された教育基本法は、第1次安倍内閣にあたる2006 (平成18) 年に大幅な条文の修正、追加によって抜本的に改正されています。この際、旧法の基本的な理念は継承しつつも、「公共の精神」「伝統と文化の尊重」など20におよぶ徳目を「教育の目標」として掲げ、また「生涯学習の理念」を新たに加えるとともに、「教育の機会均等」（4条2項）で障害のある者に対する教育上必要な支援について規定しました。さらに旧法にも定められていた「義務教育」「学校教育」「社会教育」等に加えて、「大学」「私立大学」「家庭教育」「幼児期の教育」等についても新たに規定されました。教育基本法が改正されたことにより、憲法との直接的関係が大幅に失われたといわれています。改正教育基本法は、教育法制の基本原理を定めたものとして改正前よりも強く機能するようになっています。

教育基本法は、本書の第5章で「教育憲法」の別名もあるといいましたが、2006 (平成18) 年の改正の影響がじわじわと広がっているのです。

3. 学校教育法

(1) 学校教育の基本的事項

　学校教育法は、「学校教育」に関する基本的事項を総合的、体系的にまとめたもので、1947 (昭和22) 年に旧教育基本法と同時に成立しました。なお2006 (平成18) 年教育基本法改正に合わせて、翌2007 (平成19) 年に学校教育法も改正されています。その際、学校種の規定順が変更され、幼稚園が最初に記されるようになりました。つまり、本書第2章で見たように、学校教育法1条（学校の範囲：1条校）では幼稚園、小学校、中学校の順に規定されることとなったのです。

章立ては「総則」「義務教育」「幼稚園」「小学校」「中学校」「義務教育学校」「高等学校」「中等教育学校」「特別支援教育」「大学」「高等専門学校」「専修学校」「雑則」「罰則」の順に示されています。特に、第3章「幼稚園」以降では、学校種ごとに章を設けて、その目的、目標、配慮事項、職員配置、職員の業務内容などが規定されています。

(2)「学力の3要素」と「資質・能力」

　2006（平成18）年改正教育基本法の新しい教育理念も踏まえて、改正学校教育法21条には新たに「義務教育として行われる普通教育」の10の目標が規定されました。ここでは各教科で能力・技能を養うことはもとより、態度を養うことが新たに求められました。さらに、この目標を義務教育諸学校での教育を通じて具体化していくという連関構造となるように、小学校の目標（30条）、中学校の目標（46条）、義務教育学校の目標（49条の3）が連関して規定されています。なお、幼稚園は義務教育に該当しないため、ここでの直接的つながりは明記されていませんが、23条に幼稚園の目標が定められています[*1]。

　また、改正学校教育法では、30条の2において、学力の3要素（「基礎的な知識及び技能」「思考力、判断力、表現力その他の能力」「主体的に学習に取り組む態度」）が定められ、学力観の法制化も行われました。2017（平成29）年3月告示の新学習指導要領において強調される「資質・能力」の根拠はここにあります。

4. 学校教育を機能させるそのほかの主な関係法令

(1) 学校教育法施行令、学校教育法施行規則

　学校教育法をより具体化するものとして、学校教育法施行令（内閣が制定する「政令」）があります。これは主に、義務教育に関する就学義務規定や、認可・届出事項等を定めています。また、学校教育法施行令をより細目化したものとして、学校教育法施行規則（文部科学大臣が制定する「省令」）があります。これは、設置廃止等、校長・副校長・教頭の資格、公簿等の管理ほか、各学校の詳細（設備編制、教育課程、学年や授業日、職員、学校評価等の細目）を定めています。

(2) 児童の権利に関する条約、各学校の設置基準、条例など

　そのほかにも、児童の権利に関する条約、各学校の設置基準（幼稚園設置基準、小学校設置基準など）、学校保健安全法、私立学校法、教育公務員特例法、

---

*1 各学校ごとに定められている「目標」の条文は、その一つ前の条文に規定された「目的」を実現するため、というつながりで示されています。幼稚園の目的（22条）、小学校の目的（29条）、中学校の目的（45条）、義務教育学校の目的（49条の2）。高等学校、中等教育学校も同様です。

第10章 教育行政および学校経営の基礎

地方公務員法、教育職員免許法、地方教育行政法をはじめとしたさまざまな法令によって学校教育の日々の営みは規定されています[*2]。なお、ここまで見てきた法律及び政令・省令等が教育に関する法令の主たるものといえますが、近年は教育における自治体の役割の重要性が高まり、さらに後述するように地方分権化の動きもあって、自治体の議会立法である条例が教育法制のなかで比重を増してきていることもおさえておきましょう。

第2節 保育・幼児教育行政のこれから

1. 認定こども園制度の誕生

先述の通り、改正教育基本法には新たに「幼児期の教育」についての条文が追加されました[*3]。さらに学校教育法1条をはじめとして、学校種の規定順が幼稚園からに書き改められるなど、近年の教育政策全般にわたって、幼児期の教育の重要性が広く認識されるようになってきています。

ところで、幼児期の教育という面でいえば、幼稚園だけでなく保育所の存在を忘れてはなりません。そもそも日本では、明治期のころから文部省(現、文部科学省)管轄の幼稚園とともに内務省(現、厚生労働省)管轄の保育所が併存し、そのまま大正、昭和、平成と二元体制を堅持してきました。しかし、2000年代になるにつれて、この二元体制には新しい動きが見られるようになっています。それが2006(平成18)年から開始された「認定こども園制度」です。

2. 子ども・子育て支援新制度と幼保連携型認定こども園の創設

少子化や共働き世帯の増加を一因とする幼稚園需要の減少と保育所における待機児童の増加、といった既存の保育制度の限界を改善するために誕生した認定こども園でしたが、そもそも100年近くにわたって二元化によりそれぞれが培ってきた保育文化や地域性を即座に変更することは難しく、さらに学校教育法に基づく幼稚園と児童福祉法に基づく保育所という二重行政が、

[*2] 保育に関する法令という視点も含めると、たとえば、児童憲章、児童福祉法、児童福祉施設の設備及び運営に関する基準、児童虐待防止法、また近年では認定こども園法などが日々の保育活動を規定しているといえます。

[*3] 教育基本法11条「幼児期の教育は、生涯にわたる人格形成の基礎を培う重要なものであることにかんがみ、国及び地方公共団体は、幼児の健やかな成長に資する良好な環境の整備その他適当な方法によって、その振興に努めなければならない」。

ふりかえりメモ：

認可や指導監督等を複雑にするなど、当初は課題が山積しました。

　こうした流れを受けながら、2012（平成24）年8月に子ども・子育て関連3法*4が成立し、2015（平成27）年4月より子ども・子育て支援新制度がスタートしています。この新制度下においては、「質の高い幼児期の学校教育・保育の総合的な提供」「保育の量的拡大・確保」「地域の子ども・子育て支援の充実」という目的のもとに「学校及び児童福祉施設としての法的位置付けを持つ単一の施設」としての「幼保連携型認定こども園」が創設され、政策的普及が目指されています。

3. 保育・幼児教育の「独自性」を守るために

　このように現在、変革期を迎えている保育・幼児教育行政ですが、守り続けなくてはならないのは、保育・幼児教育の「独自性」を制度として保障していくことです。幼稚園教育要領においても重視されているように、「環境を通して行う保育」「幼児期にふさわしい生活の展開」「遊びを通しての指導」「幼児一人一人の特性に応じた指導」など、小学校以上の学校教育とは異なる原理、方法をともなう保育・幼児教育の独自性を見失うと、保育・幼児教育施設の「学校化」、あるいは義務教育及びその後の教育の単なる「準備施設」になってしまう恐れがあります。

　特に近年、国・自治体の公的責任が大幅に縮小され、保育・幼児教育における競争原理の導入や株式会社など多様な経営主体の参入が急速に推進されるなか、どのような保育・幼児教育行政のあり方こそが「子どもの最善の利益」にかなうものなのか、真剣に問うていく必要があるでしょう。

　そういう意味では、今回の学習指導要領（幼稚園教育要領）改訂によって、新たに「幼児期の終わりまでに育ってほしい姿」が示され、小学校学習指導要領「総則」にも明記されたことはたいへん重要だといえます。なぜなら、小学校教員が保育・幼児教育の独自性を理解する機会がこれまで以上に必要とされるに違いないからです。「保幼小連携」を小学校以降の学校制度や各教科の教育内容へといかに効率よく接続していくか、という一方向的な視点でとらえずに、保育・幼児教育の独自性を理解し合う交流の場としてとらえていけるようになるのではないでしょうか。

*4
子ども・子育て関連3法とは、正式には「子ども・子育て支援法」、「認定こども園法の一部を改正する法律」、「子ども・子育て支援法及び認定こども園法の一部改正法の施行に伴う関係法律の整備等に関する法律」の三つを指します。

第3節　学校経営
－学校はどのように管理運営されているか－

　ここまで、教育行政の基盤にある法的枠組みと保育・幼児教育行政の課題、といった巨視的な内容を見てきましたが、ここからはもう少し視野を絞って、実際に学校を管理運営していく立場から見てみましょう。そもそも、管理運営＝学校経営の様相は各々の学校によってまったく異なり、複雑化する学校現場の実情や地域性も加味しつつ教育目標、方針を設定する必要があるでしょうし、その目標等を実現するために人的資源、物的資源、社会資源をいかに活用しながら有効かつ適切に組織的な教育活動を行っていくかという点こそが焦点になるのも当然のことでしょう。そしてまた、これらを一手に引き受けながら統率を図っていくのが、現在の校長（園長）には求められているのです。最後にここからは、そうした校長（園長）のリーダーシップ及びマネジメントについて見ていきましょう。

1. 近年の改革動向

　1990年代後半以降、「規制緩和」「地方分権化」のもと、法制度の運用の自由度が高まったこともあいまって、日本における学校経営は改革を迫られ続けています。ここではその点を、①評価による改革、②競争と選択の導入による改革、③参加による改革、という3つに分けて説明したいと思います。

（1）評価による改革

　まず、①評価による改革です。2002（平成14）年の学校設置基準の制定以降、学校経営に不可避なものとして「学校評価」が位置づけられるようになり、2006（平成18）年には「義務教育諸学校における学校評価ガイドライン」が策定されました。また、2007（平成19）年の学校教育法改正からは学校評価の実施等が定められ（42条）、これに伴い学校教育法施行規則66条、67条、68条においても、自己評価、学校関係者評価の実施・公表、評価結果の設置者への報告に関して新たに規定されました。

　さらに2010（平成22）年からは、第三者評価（外部評価）の導入も図られています。こうした学校評価を通じて、ア）達成状況や取り組みを評価し改善を図る、イ）説明責任を果たし、保護者等の理解と参画を得て、学校・家庭・地域の連携協力による学校づくりを進める、ウ）一定水準の教育の質の保証及びその向上を図る、といったことが目指されており、その手法として現在ではPDCAサイクル*5が多く採り入れられています*6。

*5
PDCAサイクルとは、(Plan：計画)－(Do：実践)－(Check：評価)－(Act：改善)を定期的にまわすことでマネジメントしていく手法のことです。

*6
なお、幼稚園については、2008（平成20）年に「幼稚園における学校評価ガイドライン」が策定されています。さらに最新のものとしては、2011（平成23）年に第三者評価の進め方や評価項目、観点などが加えられた改訂版が出され充実が図られています。

(2) 競争と選択の導入による改革

次に、②競争と選択の導入による改革では、通学区域の弾力的運用（1997（平成9）年から）とともに、保護者に学校選択の自由を認める「学校選択制」が2003（平成15）年から実施されています。学校選択制によって、保護者の意向を踏まえて就学校を指定することが可能となり、いじめ問題等への対応や部活動等の学校独自の活動の発展も期待されますが、他方で、選択機会の拡大は競争をはらむため、学校の序列化や学校間格差などが生じる危険性があることは否めません。自由裁量の増大に伴い自己責任も大きくなっていくという点を忘れてはならないでしょう。

(3) 参加による改革

さらに③参加による改革とは、学校経営に保護者、地域住民の意向や要求を直接的に反映させようとするものです。その発端は、2000（平成12）年の学校教育法施行規則改正により導入された「学校評議員制度」にさかのぼります。これは、地域に開かれた学校づくりを推進していくため日本で初めて地域住民の学校運営への参画のしくみを制度化したもので、校長が学校運営に際して保護者や地域住民の意見を聴取し特色ある教育活動の展開に結びつけようとするものでした。

さらに2004（平成16）年には、地方教育行政法改正により「学校運営協議会」の設置が可能となり、保護者と地域住民が一定の権限と責任をもって学校経営に直接参画する制度が設けられました。この学校運営協議会を置く学校を、「コミュニティ・スクール」と呼んでいます。2017（平成29）年4月現在で、全国に3,600校のコミュニティ・スクールが存在しています。

このほかにも、2000（平成12）年の学校教育法施行規則改正により可能となった「民間人校長」の登用なども学校経営改革の一例といえます。これは、教員免許状をもたず、教職経験もない者でも校長として任命・採用できるというものです。

さて、こうした学校経営改革に共通する特徴は、「民間的経営理念及び手法の導入」という点に尽きるでしょう。つまり、明確な教育目標と方針を設定し、その目標を効率的に達成していくために学校内組織の系列化を図って機動的な学校運営を推し進めることが奨励される時代になったということです。学校内組織の系列化という点では、上記のような改革に併行して、学校組織それ自体の階層化も進んでいます。次項では、近年の教職員制度改革について見ていきながら、学校内組織の変化をとらえておきましょう。

2. 教職員制度改革

旧学校教育法のころから、学校には、校長（幼稚園では園長）、教頭、教諭、養護教諭（幼稚園では任意）、事務職員（幼稚園では任意）を必ず置かなければなりませんでした（学校が小さい場合などは例外もあり）。しかし、2007（平成19）年の学校教育法改正により、新たに副校長（幼稚園では副園長）、主幹教諭、指導教諭の職階（職位）が追加され、任意で置くことができるようになりました[*7]。こうして、かつての学校組織では一般的だった校長以外の教諭が横並びに位置づくかたち（鍋ぶた型）は、学校教育法改正を機に、次第に階層構造（ピラミッド型）へと移行しつつあります（図10-1）。

> [*7] 職階とは別に、「連絡調整」「指導」「助言」を行い「校務分掌」にて主導的役割を担う「主任」という充て職が1975（昭和50）年の学校教育法施行規則一部改正によって整備され現在に至っています。最近になって主幹教諭という職階が設けられたことで、主任と主幹教諭との整合性も含め学校の組織運営体制をどう充実させていくか、といった課題も生じてきています。

従来
・自己完結型の学校
　（鍋ぶた型、内向きな学校構造
　「学年・学級王国」を形成し、
　教員間の連携も少ない　などの批判）

現在
・学校教職員に占める教員以外の専門スタッフの比率が国際的に見て低い構造で、複雑化・多様化する課題が教員に集中し、授業等の教育指導に専念しづらい状況
・主として教員のみを管理することを想定したマネジメント

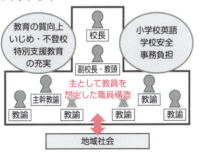

チームとしての学校
・多様な専門人材が責任を伴って学校に参画し、教員はより教育指導や生徒指導に注力
・学校のマネジメントが組織的に行われる体制
・チームとしての学校と地域の連携・協働を強化

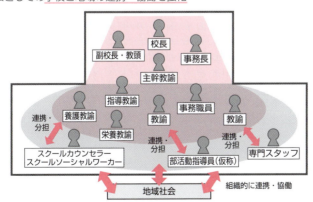

図10-1 「チームとしての学校」像（イメージ図）

出典：中央教育審議会「チームとしての学校の在り方と今後の改善方策について（答申）」2015年

これからは「チーム学校」が目指されています！

ところで、学校の教育目標や方針、教育課題等への対応方策について教職員間の意思疎通や共通理解を促進する意見交換の場として、以前から「職員会議」がありました。この職員会議についても、2000（平成12）年の学校教育法施行規則改正により、校長の職務の円滑な執行を補助する機関と明記されるようになり、学校経営における校長の権限の強化がより一層図られたかたちとなっています。これは、リーダーシップを発揮しながら「学校の自律性」の確立を目指すことが校長に求められるという流れのなかでの改革といえます。

3. チームとしての学校

2015（平成27）年12月に中央教育審議会答申「チームとしての学校の在り方と今後の改善方策について」が出されて以降、「チーム学校」という言葉をよく見かけるようになってきています。

「チーム学校」とは、上の答申によると「校長のリーダーシップの下、カリキュラム、日々の教育活動、学校の資源が一体的にマネジメントされ、教職員や学校内の多様な人材が、それぞれの専門性を生かして能力を発揮し、子供たちに必要な資質・能力を確実に身に付けさせることができる学校」と定義されています。たしかに、現在の教育現場は、多様な能力、背景の子どもを包摂するインクルージョン教育が求められる一方、複雑で高度な対応が迫られるようにもなってきています。

そこで、スクールカウンセラー、スクールソーシャルワーカー、ICT支援員、学校司書、外国語指導助手（ALT）、部活動指導員、看護師、特別支援教育支援員、理学療法士（PT）、作業療法士（OT）、言語聴覚士（ST）など多職種の専門家を含めた新しい教職員集団を形成し、専門性を高めることで、カリキュラム・マネジメントに寄与するような連携・分担体制整備が重要となってきています。教職員と専門スタッフが同僚として情報を共有しつつ、連携、分担して同じ教育目標に向かって教育活動に取り組むという組織マネジメントをどう作り出していけるかが、今後展開されていく「チーム学校」の課題となっていくことでしょう。

第10章 教育行政および学校経営の基礎

 演習課題

Q 教育や学校を規定している法令を調べたり、これからの学校に求められるものについて考えてみましょう。

ホップ 本章でふれたさまざまな法令の条文について、『教育小六法』やインターネットのサイトを使って、実際に原文を調べてみましょう。

ステップ これからの学校（チーム学校）に必要とされるさまざまな職種の専門家について、具体的にどのような役割を担う人々なのかを調べてみましょう。

ジャンプ これからの保育現場、学校現場が抱えるであろう課題に対して、教育行政機関や学校経営者（校長・園長）には何が求められるでしょうか。

【参考文献】
河野和清編『新しい教育行政学』ミネルヴァ書房　2014年
姉崎洋一他編『ガイドブック教育法 新訂版』三省堂　2015年
伊藤良高『幼児教育行政学』晃洋書房　2015年
井深雄二他編『テキスト 教育と教育行政』勁草書房　2015年
岡本徹・佐々木司編『現代の教育制度と経営』ミネルヴァ書房　2016年
小川正人・勝野正章編『改訂版 教育行政と学校経営』放送大学教育振興会　2016年
小島弘道・勝野正章・平井貴美代『学校づくりと学校経営』学文社　2016年
佐々木幸寿編『教師のための教育学シリーズ3 学校法』学文社　2017年
横井敏郎編『教育行政学（改訂版）－子ども・若者の未来を拓く－』八千代出版　2017年

第11章
保育・教育実践の基礎理論
―教育課程（内容、方法、計画と評価）を中心に―

1年のうち、大きな行事は
だいたい時期がきまっていますね。

 エクササイズ　　自由にイメージしてみてください

あなたは個人のスケジュール手帳をもっていますか？
スケジュール手帳の必要派と不要派の意見を交わしあってみましょう。

第11章 保育・教育実践の基礎理論－教育課程（内容、方法、計画と評価）を中心に－

この章のまとめ！

学びのロードマップ

- 第1節
  保育・教育の活動には「ねらい」があることを再確認します。

- 第2節
  保育・幼児教育の「保育内容」について解説します。

- 第3節
  保育の形態（自由保育や設定保育など）を紹介します。

- 第4節
  保育の計画と評価について説明します。

- 第5節
  保育・教育の根底にある2つの考え方（「系統主義」と「経験主義」）について解説します。

- 第6節
  保幼以降の教育課程と評価を展望します。

この章の なるほど キーワード

■「**保幼小の接続・連携**」…子どもの資質・能力を、保幼小中高と一貫して育んでいくために幼児教育と小学校以上の教育のなめらかな接続・連携がカリキュラムにも求められています。

幼児期の「学びの芽生え」から児童期以降の「自覚的な学び」へのスムーズな移行がポイントです。

第1節　はじめに

　保育・教育の実践は、その活動に携わる立場によりとらえ方が異なります。たとえば、運動会の種目にある玉入れは、子どもたちにとってカゴのなかにどれだけたくさんボールを入れるかという単なる競技種目にすぎないかもしれません。一方、保育者・教育者の立場では、玉入れを通じて子どもがふだんの遊びのなかでは習得しにくい力を伸ばすための絶好の機会と考え、ねらいをもって実践しているかもしれません。具体的には、「楽しく遊ぶためにルールの大切さを知る」や「効率よくカゴにボールを入れるにはどうすれば良いかを子ども同士で話し合い工夫を考える」、あるいは、「カゴに入ったボールを数えることにより、子どもの興味が数字に向かうきっかけをつくる」なのかもしれません。このように、どこにでもあるように見える活動であっても、そこにはたくさんの学びの要素があり、保育者・教育者は子どもに何をどのように働きかけたら良いか、さまざまな段取りを整えながら実践しているのです。

　本章では、そうした教育実践について、その内容と方法、計画、評価の順に解説し、教育がどのようなしくみのなかで実践されているのかを学習します。

第2節　保育・幼児教育の内容

1. 幼稚園での教育・保育内容

　まずは、幼児教育の現場でどのような内容が実践されているのか見ていくことにしましょう。ここでの内容において、その大きな柱となるのが、幼稚園では幼稚園教育要領、保育所では保育所保育指針、幼保連携型認定こども園では幼保連携型認定こども園教育・保育要領といわれる文書です。これらはそれぞれの機関における教育・保育活動において、いわば基準や手引きとなるものです。

　では、具体的な内容について幼稚園教育要領から見ていくことにしましょう。それによれば、幼稚園は学校教育法第22条（「幼稚園は、義務教育及びその後の教育の基礎を培うものとして、幼児を保育し、幼児の健やかな成長のために適当な環境を与えて、その心身の発達を助長することを目的とする」）の目的を達成するため、「幼児期の特性を踏まえ、環境を通して行うものであることを基本」[1]　としています。幼児期というのは、知識や技能を教えて身につく時期ではありません。「幼児が身近な環境に主体的に関わり、

第11章 保育・教育実践の基礎理論－教育課程(内容、方法、計画と評価)を中心に－

環境との関わり方や意味に気付き、これらを取り込もうとして、試行錯誤したり、考えたりするようになる」[2]時期なのです。こうした幼児期の特性を生かし、より良い教育環境を整えていく必要があります。

そうした環境のなか、幼稚園教育要領では「幼稚園教育において育みたい資質・能力」と、「幼児期の終わりまでに育ってほしい姿」(10の姿)が掲げられています。

(1) 幼稚園教育において育みたい資質・能力

(1) 豊かな体験を通じて、感じたり、気付いたり、分かったり、できるようになったりする「知識及び技能の基礎」
(2) 気付いたことや、できるようになったことなどを使い、考えたり、試したり、工夫したり、表現したりする「思考力、判断力、表現力等の基礎」
(3) 心情、意欲、態度が育つ中で、よりよい生活を営もうとする「学びに向かう力、人間性等」

こうした資質・能力が示される背景には、近年の社会状況の変化により子どもの生活体験の不足等があげられ、基本的な技能等がしっかり身についていない子どもが散見されるようになったといわれています。また、幼児期に何かの目標のために我慢したり、自分の感情や行動をコントロールする、あるいは人と上手にかかわるといった力を身に付けることは、国際的にも大人になってからの生活を考えていくうえで大変重要だともいわれています。こうした力は、「非認知能力」といわれるものなのですが、これからの幼児教育ではこうした力が身につくように教育活動の質的向上を目指す必要があります。

(2) 幼児期の終わりまでに育ってほしい姿

(1) 健康な心と体
(2) 自立心
(3) 協同性
(4) 道徳性・規範意識の芽生え
(5) 社会生活との関わり
(6) 思考力の芽生え
(7) 自然との関わり・生命尊重
(8) 数量や図形、標識や文字などへの関心・感覚
(9) 言葉による伝え合い
(10) 豊かな感性と表現

ご覧になっておわかりのように小学校で目にするような言葉が並んでいます。これは小学校に入学したものの、なかなか学校生活に馴染めない「小１プロブレム」が背景の１つにあります。そうした問題を念頭に置きながら、指導を展開することが課題としてあがっています。

（3）保育内容の５領域

健　　康	健康な心と体を育て、自ら健康で安全な生活をつくり出す力を養う。
人間関係	他の人々と親しみ、支え合って生活するために、自立心を育て人と関わる力を養う。
環　　境	周囲の様々な環境に好奇心や探究心をもって関わり、それらを生活に取り入れていこうとする力を養う。
言　　葉	経験したことや考えたことなどを自分なりの言葉で表現し、相手の話す言葉を聞こうとする意欲や態度を育て、言葉に対する感覚や言葉で表現する力を養う。
表　　現	感じたことや考えたことを自分なりに表現することを通して、豊かな感性や表現する力を養い、創造性を豊かにする。

　「10の姿」は、幼稚園教育要領のねらい及び内容に基づく活動全体を通して育まれる資質・能力が備わった姿を示しています。では、ねらい及び内容とはどのようなものでしょうか。それは、健康、人間関係、環境、言葉、表現の５つの領域から構成されます。

　これら各領域は、子どもの発達の側面から、心身の健康、人との関わり、身近な環境との関わり、言語の獲得、感性と表現というように、それぞれの領域が独立して記載されています。それらのねらいは、園での生活全体を通じて相互に関連を保ちながら達成に向かうものであり、具体的な活動を通して総合的に指導されなければなりません。

2. 保育所での保育内容

　次に保育所では、どのような保育が行われているのか、みていきましょう。保育所は厚生労働省による保育所保育指針にその内容が書いてあります。幼稚園は「幼児を保育し、幼児の健やかな成長のために適当な環境を与えて、その心身の発達を助長すること」（学校教育法第22条）を目的としていますが、保育所は「保育を必要とする乳児・幼児を日々保護者の下から通わせて保育を行うこと」（児童福祉法第39条）を目的としています。こうした目的

の違いにより、両者には、1日の教育・保育時間や対象となる子どもの年齢等の違いがあります。

しかし、近年では長時間子どもを預かる幼稚園や充実した教育をする保育所があるように、幼稚園と保育所はその機能を相互に補完し合うようになってきました。こうした状況を踏まえ、教育・保育内容は保育所保育指針においても幼稚園教育要領と整合性が確保された内容になっています。具体的には、育みたい資質・能力は幼稚園教育要領の「幼稚園教育において育みたい資質・能力」と対応し、「幼児期の終わりまでに育ってほしい姿」も幼稚園教育要領と合致した内容になっています。ただし、保育所のねらい及び内容については、幼稚園教育要領の保育内容5領域に沿って記載されていますが、対象児の年齢段階（乳児保育、1歳以上3歳未満児）によりねらい及び内容が異なりますので、後ほど各自で確認しておきましょう。

ちなみに幼保連携型認定こども園教育・保育要領も同様の中身となっています。

第3節　保育形態

保育の形態は、どういう点を強調して取り組むかによりさまざまなものがあります。ここでは渡辺（2010）を参考に、保育形態を①保育活動、②クラス編成により分類し、それぞれの形態について具体的に見ていくことにしましょう。

1. 保育活動

保育活動には、大きく2つの形態があります。「自由保育」と「設定保育」といわれるものです。

（1）自由保育

子どもが興味を抱いた活動をさせることにより自ら成長していくという考えに基づき、子どもの主体的な遊びを尊重します。このことは、子ども任せにすれば良いということを意味しているのではありません。子どもがやりたい活動をできるように、環境を整えてやることが大切です。子どもの遊びには、ごっこ遊びやものの制作、読書や歌唱などがありますが、そうした子どもの関心に注意を払い、子どもが満足ゆく遊びができるように材料や道具な

どを準備し、自発的な遊びを誘うようにする必要があります。また、子どもが遊んでいるなかで課題に直面した時は、一緒に解決の仕方を考えたり、工夫を促すヒントを与えるなどの支援をすることも大事なポイントです。

（2）設定保育

こちらは保育者がある目標を設定し、その目標とする状態に近づけられるように保育の活動計画を立てて行う保育です。それゆえ保育では、ねらいとすることに基づき、子どもが一緒に歌を歌ったり工作するなど、同じ活動をします。このような保育では、子どもに身につけてほしいことを一斉に指導するため、その目標に向けた効率的な指導ができると考えられます。また、自由保育では身につきにくい力を、設定保育でそれを補うという側面もあります。

以上のように、これらの保育活動はどちらが優れているとかを示すものではありません。むしろ目的に応じて両方を併用し、上手に活用できるようになることが重要です。

2. クラスの編成

クラス編成では、「年齢別保育」「縦割り保育」「インクルーシブ保育」を紹介します。

（1）年齢別保育

同じ年齢の子どもを集めて保育します。同じ年齢であるということは、発達段階も同じ程度であり、効率的に保育ができると考えられます。しかし、4月生まれと3月生まれでは幼い子どもの発達において大きな差があり、年齢が同じだから子どもも等質だと考えるのは、本当の子どもの姿を見誤ってしまう危険性があります。

（2）縦割り保育

一方、そうした年齢によるクラス編成の枠組みを取り払ったクラスもあります。それを「解体保育」といいます。その代表的なものが「縦割り保育」でしょう。縦割り保育では、異年齢の子どもを一つのまとまりとして活動することを目的に、同年齢だけの保育では達成できないような成果をあげることが可能になります。

たとえば、年長の子どもが年少の子どもに遊びを教えてあげたり、世話を

したりすることにより、多様な子どもとのコミュニケーションの仕方を学ぶことができます。こうした学びは、少子化の影響によりいろいろな子どもと接する機会が少なくなった今日の状況を踏まえると、意図的に取り入れることにより、子どもの経験を豊かにできるといえるでしょう。

（3）インクルーシブ保育

かつては実態として、心身に障害のある子どもが幼児教育を受けられず、家庭で保育されることがありました。しかし近年では、ノーマライゼーションやインクルージョンの世界的潮流により、障害の有無にかかわらず、分け隔てなくクラス編成するインクルーシブ保育が広まりつつあります。子ども一人一人にとって必要な援助を見きわめ、発達を保障していくことが求められています。

第4節　保育の計画と評価

1. 教育課程・全体的な計画の編成

教育課程・全体的な計画とは、入園から卒園までの期間で身につける経験内容の総体を示したものです。各園では、先に示した幼稚園教育要領や保育所保育指針などに基づき、どのような方法により目標を達成させるのかという道筋を示し、教育課程・全体的な計画を編成する必要があります。

編成するにあたり、神長（2009）は目標に向かって3つの注意すべき点を指摘しています。第一に、幼児教育が子どもの生活を大事に推し進めるものであり、そうした指導のあり方と関連させて理解することです。つまり、小学校のように指導内容を学年や時間数によって組織するのではなく、幼児の経験や発達過程をとらえながら課程に位置づけることが大切です。第二に、各園の全職員による協力のもと園長の責任において編成することです。つまり、各園のこれまでの取り組みや課題などそれぞれの実態を反映させ、どのような経験をさせることが目指す方向につながるのか、園内で話し合いをします。そうして、全職員が園で目指す幼児観や教育観を共有し、保護者にも

ふりかえりメモ：

理解を広げていくことが大切です。第三に、児童期以降の学校教育を見通し、そこでの課題を把握することです。これらの点を踏まえて、小学校以降の生活や学習の基盤となるように、幼児期の教育課程・全体的な計画を組み立てましょう。

2. 保育の指導計画

　指導計画は、教育課程・全体的な計画を具現化するために、それぞれの時期に応じた目標を設定し、どのような内容を扱うのかを記した計画書です。これにより日常的に行われるさまざまな活動や行事が、子どもの成長にどのように関連するのかを見通すことができます。

　さて指導計画には、長期の指導計画（年間、期間、月間）などと短期の指導計画（週案、日案）があります。長期指導計画では、子どもの生活や発達を踏まえ、園の運動会や生活発表会などの行事、季節の変化に応じた遊びなどを指導計画のなかで設定します。短期の指導計画では、長期指導計画を踏まえ、クラス担任がクラスの子どもによる遊びや活動に対する取り組みの実態に対する理解により計画を作成します。それゆえ短期指導計画では、日常の生活リズムのなかで実情に合わせた経験ができるように活動を設定する必要があります。

3. 保育の評価

　評価には、2つの側面があります。1つは子どもの発達への評価です。子どもの日常生活や遊びの場面を振り返り、子どもの力がどのように発揮されるようになったか、遊び場面においてどのような変化があったかなど、子ども一人一人の変化や発達を理解します。さらに、こうした子どもへのていねいな理解のもと、クラス全体としての子どもの発達を把握します。したがって、個々の子どもの発達を一般的な発達と比較し良し悪しを判断したりするものではありません。子どもの発達の姿を振り返り発達を理解し、次の指導につなげていくことが大切なのです。

　もう1つの側面は、保育者の保育への評価です。すなわち、子どもへの指導に関する適切性が問われます。設定したねらいや内容が、現在の子どもの姿や、育ってほしい子どもの姿に沿ったものであるのかを照らし合わせます。そうして再度、領域のねらいや内容から発達の姿を見直し、具体的な活動内容やふさわしい環境構成、援助のあり方を検討しなければなりません。

　このように評価について見てきましたが、日常的な子どもとのかかわりの

なかで振り返り反省していくことは、簡単ではありません。自分では気づかなかった子どもの姿をほかの保育者が気づいているということは、よくあることです。研修会など、ほかの保育者と話し合う場面を作り、子どもの姿に対する共通理解を図って、次の指導計画の改善に役立てることが大切です。

4. 指導計画の実践事例

では、指導計画は実際にどのように作られ実践で使われているのでしょうか。ここでは、関西地方に所在するA保育園で実践された5歳児クラスの指導計画の取り組みを紹介します。

表11－1は5歳児の年間指導計画です。このクラスでは、20人程度の園児を2人の保育者が担当しています。年度初め、担任は前年度の様子を参考に、子どもの姿に応じた指導計画を立てます。特に5歳児は、運動会や生活発表会に加え、お泊まり保育、卒園式など行事がたくさんあり、そうした行事と関連性をもたせながら具体的な内容を計画します。

そうして10月には、中間研修会の場を通じて中間計画を立てます。研修会では、集団活動が苦手な子どもがクラスに多かったのですが、前半期にグループで当番活動をしたり、乳児クラスのお手伝いを通じて、他者に対する思いやりや集団での行動の仕方に対する変化が報告されました。そうした子どもの姿をあらためてとらえ、後半期の指導計画や活動内容を再検討します。

年度末研修会の場では、1年間の実践に対する評価をします。ここではこの園で初めて取り組んだ絵日誌の実践が取り上げられ、子どもが作成するのに十分な実践時間が確保できず、ねらい通りに実践できなかったことが報告され、どういった指導上の課題があったのか議論が行われました。こうした報告は、次年度における指導計画にも反映され、今後の保育の質的向上につながっていきます。

表11-1　A保育園　5歳児クラスの年間指導計画（一部抜粋）

年間目標：	・集団の中で自分の力を発揮し、友だちの長所を認める力を身に付ける。				
	1期		2期		
	4月	5月	6月	7月	8月
行事	・入園式 ・遠足	・遠足	・遠足 ・バザー	・お泊まり保育 ・夏まつり	・プール大会
子ども観	・年長クラスに進級したことに喜びを感じ、意欲的に生活できるようにする。				
期別目標	・新しいクラスの生活が居心地良いものになるようにする。		・プールあそびを通じて、心身をたくましくする。		
基本的生活習慣	・自分で生活の切り替えができるように見通しをもちやすい生活づくりをする（カ				
身体づくり	・友だちと一緒にたっぷり全身を動かす楽しさを知る。　・山登りなど自然を通				
食育	・給食室のお手伝いを通して、自分でできる喜びや人の役に立つことに喜びを知る。				
あそび	・ルールのあるあそび（しっぽとり、サッカー、など）を友だち同士で工夫しな				
	・友だちと好きなあそびを探す。		・泥や色水あそびをする。		
集団づくり	・2～3人のグループ活動をする。		・異年齢でかかわるなかで、小さい子に思いや		
自然科学	・まわりの自然や季節の変化に気づき、そのしくみに興味をもつ。　・生き物の				
言語	・季節の歌の歌詞を通じて言葉の意味やイメージを膨らませる。　・ごっこあそ				
表現	・絵日誌などを通して思いを表現し、保育者や保護者、友だちに伝える。　・クラスで一つ				
保護者とともに	・子どもの姿を通して喜びや悩みを共有し、関係を築いていく。 ・個人面談をする				

出典：A保育園園内資料より筆者作成

・自分たちで発見・工夫し、学ぶことの楽しさを知る。

3期				4期		
9月	10月	11月	12月	1月	2月	3月
・遠足	・運動会 ・中間研修会	・遠足	・生活発表会	・作品展	・節分祭	・年度末研修会 ・卒園式

・自分の姿に自信や誇りをもち、小学校就学に期待を膨らませて、意欲的に生活を送れるようにする。

・運動会・生活発表会などの行事を楽しみ、みんなで内容をつくる喜びを知る。	・自分に自信や誇りをもち、小学校就学に向けた生活にならしていく。

レンダーや時計も意識して生活できるようにする）。　・身体を動かしよく食べしっかり睡眠をとり元気にすごす。

しての全身運動も経験していく。

・果物や野菜を菜園で育て、食に対する関心を高める。自分たちで調理計画を立て、食事の楽しみを豊かにする。

がら楽しんでいく。　・なわとび、竹馬など友だち同士教え合いながら楽しみ、できた喜びを共有する。

・河原や里山など自然の中であそぶ。	・自分で作ったルールや工夫したあそびをする。
りをもって接する。	・話し合いながら、意見をまとめ取り組む。

生態から新しい発見をする。　・命のつながりにも目が向けられるようにする。生き物や野菜を育てる。

びやペープサートでの表現あそびなどを通して、友だちとやりとりを楽しむ。

の作品をつくり、自分たちで考え自分たちで表現することの楽しさや喜びを知る。　・太鼓を演奏し、合奏する喜びを感じる。

・子どもを真ん中に一緒に成長を喜び合い見守ることを大事に、さまざまな行事も一緒に作っていく。

第5節　系統主義と経験主義

　これまで見てきた内容は、いわば保育・教育実践を支える根底にあるものです。そこには、子どもの主体性を尊重しながらも子どもにさまざまな力を身につけさせていく保育・教育の営みがわかるでしょう。そうした営みには、2つの考え方が見え隠れします。

　1つは、知識や技能を体系的に教える「系統主義」という考え方です。短時間でたくさんの知識などが学べるようにするという指導につながります。もう1つは、生活にもとづく体験や問題解決を重視する「経験主義」という考え方です。子どもたちが園や地域などの身近な課題を発見し、問題解決に向けて自らが主体的に判断していくように導くという指導につながります。

　幼児教育では、発達段階を考慮すると後者を実践の中心に据えるのが一般的ですが、だからといって系統主義を見過ごしてはいけません。子どもの実態に応じて、計画し準備を進め、実践し、評価しましょう。ただしその際には、重ねていいますが、同僚の保育者と意見交換し、自らの実践が独りよがりにならないように注意したいものです。

第6節　小学校以降の教育課程・評価

1. 教育課程

　最後に、小学校以降の教育課程と評価を展望し、幼児教育修了後に学校で子どもが経験する学びについて学習しましょう。

　小学校の教育内容は、小学校学習指導要領にもとづいて行われます。2017（平成29）年改訂の指導要領によれば、そこでの教育活動は各教科（国語、社会［3年生以上のみ］、算数、理科［3年生以上のみ］、生活［1・2年生のみ］、音楽、図画工作、家庭［5・6年生のみ］、体育、外国語［5・6年生のみ］）と、特別の教科道徳、外国語活動（3・4年生のみ）、総合的な学習の時間、特別活動の5つの領域から構成されています。

　これらの領域については、表11－2に示すように学年別に年間授業時間数が設定され、各学校はそれにもとづき年間指導計画を立てています。もちろん教育内容についても、学習指導要領では具体的な単元や内容が記されています。たとえば、特別活動では、入学式、学級会、児童会、運動会、遠足などの教育目的や内容が示され、教科外の活動においても意図的な教育活動が求められています。

表11-2 各教科等の年間授業時間数(時間)

	各教科										特別の教科道徳	外国語活動	総合的な学習の時間	特別活動	総授業時間数
	国語	社会	算数	理科	生活	音楽	図画工作	家庭	体育	外国語					
1年生	306	−	136	−	102	68	68	−	102	−	34	−	−	34	850
2年生	315	−	175	−	105	70	70	−	105	−	35	−	−	35	910
3年生	245	70	175	90	−	60	60	−	105	−	35	35	70	35	980
4年生	245	90	175	105	−	60	60	−	105	−	35	35	70	35	1,015
5年生	175	100	175	105	−	50	50	60	90	70	35	−	70	35	1,015
6年生	175	105	175	105	−	50	50	55	90	70	35	−	70	35	1,015

出典:文部科学省(2017)より筆者作成

　こうした小学校以降の教育課程をめぐる基本的な構造は、各教科や教科外の活動内容において若干の違いはありますが、中学校も高等学校においてもほとんど変わりはありません。ただし、高等学校では各教科において選択科目が導入され、授業時間数を単位(1単位=50分×35回を標準)として換算し、学習指導要領で定められたいくつかの規定により学修を進めることになります。したがって高等学校の教育課程は、単位制を基本とする大学の履修システムに近いといえるかもしれません。

2. 評価と通知表

　次に、評価について考えていきましょう。評価には、先にも述べましたようにさまざまなタイプの評価がありますが、ここでは、一般的に評価といって真っ先に思いつく、子どもの成績について考えていきましょう。

(1) 相対評価

　評価方法の考え方における代表的なものに、相対評価があります。相対評価とは、統計学上の法則である正規分布曲線を適用し、5段階評価ならば上位7%を「5」、その次の24%を「4」というように、「5」から「1」までを成績にもとづき振り分ける方法です。この評価方法は、集団間の差異や個人のがんばりが反映されないなど克服すべき課題はありますが、教師の主観性を排した客観性を伴う方法として、長年、学校現場で採用されてきました。

(2) 到達度評価

　2001(平成13)年学習指導要領改訂以降、各学校では「目標に準拠した評価」という方法が採用されるようになりました。この評価方法では、教育課程に

ある目標や内容に対し、子どもの知識・技能、思考・判断力、関心・意欲・態度など、具体的な点での到達度を評価します（到達度評価と言います）。

たとえば国語の知識・技能の項目では、「言葉の特徴やきまり、文字の使い方を理解し正しく使う」などをねらいとし、それに対して評価します。そうして評価された記録は、法的に作成が義務づけられている指導要録に記載されます。

（3）指導要録と通知表

指導要録は、卒業後、進学した学校へ送付する内申書の原簿となるものであるため、子どもや保護者が目にすることはほとんどありません。むしろ、子どもや保護者にとって、評価を示した身近な資料は、「通知表」でしょう。通知表は、作成に関する法的根拠はありませんので、その様式は学校によってさまざまですが、多くの場合、子どもの学習面と生活面が通知表に記載されています。

赤沢（2015）によれば、通知表には2つの機能があるとしています。1つは、子どもの学習や生活改善のための資料としての機能です。通知表は、単に指導要領に記載された内容をそのまま写して作成されるのではなく、これからの学習における改善の指針を子ども、保護者、教師で共有し、子どもをより良い方向へ導くものでないといけません。もう1つの通知表の機能は、子どもの成長・発達に対して、学校と家庭との間で合意を形成するための基盤になることです。すなわち、作成された通知表をもとに、保護者面談で子どもの学校生活や家庭での様子について話し合い、今後、子どもをどのように支援していくかを考える材料として活用します。

このように通知表は、これまでの学習に対する評価を示すものではなく、保護者と教師が子どもへの理解を深めやすいように記載項目を工夫し、次へのステップに結びつくようなものにしなければいけません。そうした意図をもって通知表を作成することが、重要なのです。

第11章 保育・教育実践の基礎理論－教育課程（内容、方法、計画と評価）を中心に－

レッツトライ  演習課題

Q アプローチカリキュラムとスタートカリキュラムについて調べてみましょう。

ホップ　どのようなアプローチカリキュラムとスタートカリキュラムがあるか探してみましょう。

ステップ　調べたカリキュラムのなかで、「なるほど！」と思った点や疑問点を話し合ってみましょう。

ジャンプ　話し合ったことや調べたことを文章にまとめてみましょう。

【引用文献】
1）文部科学省「幼稚園教育要領」2017 年　p.2
2）文部科学省「幼稚園教育要領」2017 年　p.3

【参考文献】
赤沢早人「通知表」田中耕治編『よくわかる教育評価』第 2 版　ミネルヴァ書房　2015 年　pp.154-155
神長美津子「幼児教育の基本と教育課程・保育課程」小田豊・神長美津子編『教育課程総論』北大路書房　2009 年　pp.1-10
渡辺一弘「教育の方法」広田照幸・塩崎美穂編『教育原理 保育実践への教育学的アプローチ』樹村房　2010 年　pp.107-120

第11章 保育・教育実践の基礎理論−教育課程（内容、方法、計画と評価）を中心に−

第12章
教育実践の多様な取り組み

たとえばフレネ教育では子どもが自由に自分の生活を綴り、コミュニケーションを図ります。かつての日本の「生活綴り運動」にも似ています。

エクササイズ　　自由にイメージしてみてください

さまざまな教育法のなかには、子どもが自分で何を学ぶか決めて進めていくものもあります。このことについてあなたはどのように思いますか？

第12章 教育実践の多様な取り組み

学びのロードマップ

- 第1節
  世界は今後、より不確実で曖昧になることが予測されています。そのような世界で子どもたちが創造的で、柔軟かつたくましく生きていくために、「主体的・対話的で深い学び」やそのような学びを進めるための「ICT」の活用が求められています。

- 第2節
  現在行われている多様な教育実践を紹介します。フレーベル、モンテッソーリ、レッジョ・エミリア・アプローチ、森のようちえん、シュタイナー、フレネ教育、サマーヒル、サドベリー教育、フリースクールについて取り上げます。

この章の なるほど キーワード

■「**コンピテンシー・ベース**」…予測できない未来を生きる力を培うために、「コンテンツ・ベース」（何を学ぶか・どれだけ知識などを覚えるか）から、「コンピテンシー・ベース」（学んだことやできるようになったことをいかに活用するのか）の教育への切り替えが世界的に進んでいます。

テストのためにただ暗記すればよい、という時代ではなくなりつつあるんですね。

第1節　新しい時代の教育

未来にはどのような新しい職業が生まれているのでしょうか。

　未来について想像してみてください。「今の子どもたち、これから生まれてくる子どもたちは、25年後どのような職業に就き、どのように生きていると思いますか？」

　アメリカの調査では、今後10～20年の間に、アメリカの雇用者総数の47%の人の仕事がコンピュータ（人工知能・AI）に代わられる可能性が高い（日本では労働人口の49%）といわれています（Osborne,2013,2015）。単純労働は消滅し、その代わり人間関係を構築することで価値を創り出す仕事や、新しい物やアイディアを生む創造的な仕事が求められるようになってくる可能性が高そうです。これからの社会においては、膨大な情報から何が重要かを主体的に判断し、自ら問いを立てその解決を目指し、他者と協働しながら新たな価値を生み出していくことが求められるでしょう（文部科学省,2016）。

　また、近年、世界中で自然災害の増加、家族形態の多様化、不平等・格差の増大など急激な変化が起きています（OECD,2015）。不安定・不確実で予測困難な時代を前に、子どもたち一人一人が自らの可能性を最大限に発揮し、よりよい社会と幸福な人生を自ら創り出していく（文部科学省,2016）ことが求められているのです。

　そのため、教育はこれまでのコンテンツ・ベース（何を学ぶか・どれだけ知識などを覚えるか）から、「資質・能力」つまりコンピテンシー・ベース（学んだことやできるようになったことをどのように活用するのか）へと向かっています。保育者や教師はそのことを踏まえて、子どもが学ぶ環境を用意し、指導を行っていくことが求められているのです。

1．主体的・対話的で深い学び（アクティブ・ラーニング）

(1) 主体的・対話的で深い学びとは

　教員による一方向的な講義をするのとは異なり、学修者が能動的に学修することでさまざまな方面に広く知識などを用いることができる能力の育成を図る学修のことを「アクティブ・ラーニング」といいます（文部科学省,2016）。このアクティブ・ラーニングの考え方が、幼稚園・小学校・中学校・高等学校においても「主体的・対話的で深い学び」として導入されることになりました（文部科学省,2018）。

　「何を教えるか」「何を学ぶか」という知識の質や量の改善はもちろん「どのように学ぶか」という学びの質や深まりを重視し、知識・技能を定着させるうえでも、学習意欲を高めるうえでも効果的だといわれています。具体

な学習方法としては、「発見学習」「問題解決学習」「体験学習」「調査学習」「教室内でのグループディスカッション」「ディベート」「グループワーク」などがあります。

(2) 教育における主体的・対話的で深い学びの実践

　小学校以上の教育では、「知識・技能」「思考力・判断力・表現力等」「学びに向かう力・人間性等」という資質・能力の育成に向け、「主体的な学び」「対話的な学び」「深い学び」という視点を踏まえて、教科における子どもたちの学習を教師が指導することになります。たとえば、教科書の教材をもとに、そのトピックについて個々に調べたり自分が感じたことや考えたことを発表したりし、それを踏まえてグループでクイズや図鑑・紙芝居・新聞などを作って、紹介するなどの実践が行われています。

　幼児教育においては、「遊び」が子どもたちの学びにつながる重要なものであり、もともと子どもたちの主体性や意欲を尊重した受容的で応答的な指導や援助が行われてきました（無藤ら,2017）。子どもたちが身の回りの環境に自発的・主体的にかかわる遊びを保育者が支え、子どもたちは遊びのなかでさまざまなことを感じたり考えたり気づいたりという経験をしている点で、すでにアクティブ・ラーニングが行われているともいえます。

　ただし、より子どもたちの遊びを充実したものにし、より多くの経験につながるようにするために、「主体的な学び」「対話的な学び」「深い学び」の3つの視点を重視していくことが求められています。

「主体的な学び」の視点
　周囲の環境に興味や関心をもって積極的に働きかけ、見通しをもって粘り強く取り組み、自らの遊びを振り返って、期待をもちながら次につなげる「主体的な学び」ができているか。

↕

「対話的な学び」の視点
　他者とのかかわりを深めるなかで、自分の思いや考えを表現し、伝え合ったり、考えを出し合ったり、協力したりして自らの考えを広げ深める「対話的な学び」が実現できているか。

↕

「深い学び」の視点
　直接的・具体的な体験のなかで、見方・考え方を働かせて対象とかかわって心を動かし、幼児なりのやり方やペースで試行錯誤を繰り返し、生活全体を意味あるものとして捉える「深い学び」が実現できているか。

図12-1　幼児教育におけるアクティブ・ラーニングの視点
出典：筆者作成

たとえば、砂場で樋に水を流すという遊びを考えてみましょう。子どもが水道から砂場に水を流すというイメージをもち、樋を固定しようとしたり（主体的な学び）、どうしたら樋がうまく固定され、水が流れるのかを考えたり（深い学び）、うまくいかない時は友だちを助けたり、友だちと状況を知らせ合ったり（対話的な学び）するというように、幼児教育における「主体的・対話的で深い学び」を考えていく時は、一人一人の子どもの学びと子ども同士の学びの両方を大切にしていくことが必要です。

　主体的・対話的で深い学びが、遊びのなかで十分に行われていくことによって、幼児期に育みたい「資質・能力」の「知識・技能の基礎」「思考力・判断力・表現力等の基礎」「学びに向かう力・人間性等」が育っていくのです。

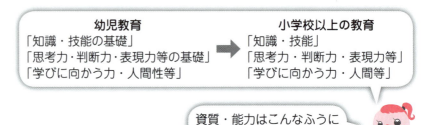

2. ICTと教育

（1）ICTとは

　ICTとはInformation Communication Technology（情報技術）の略ですが、文部科学省や教育の分野では「情報コミュニケーション技術」と訳されています。IT（Information Technology）よりも、コミュニケーションを強調した表現です。

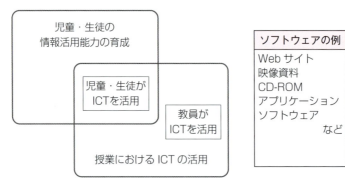

図12-2　授業におけるICTの活用例やICTの一例

出典：神奈川県立総合教育センター、2007（平成19）年

（2）教育における ICT の活用

　教育・保育のなかでの ICT の活用は、子どもに関しては活動におけるねらいを経験できるようにしたり、児童・生徒に関しては教科における学習目標を達成できるようにしたりすることなどを、主な目的としています。

　小学校では、学習指導要領（2018（平成 30）年）の第 1 章 総則で、ICT の活用について取り上げられています。

学習指導要領

第 1 章 総則　第 3「教育課程の実施と学習評価　1 主体的・対話的で深い学びの実現に向けた授業改善」

　情報活用能力の育成を図るため、各学校において、コンピュータや情報通信ネットワークなどの情報手段を活用するために必要な環境を整え、これらを適切に活用した学習活動の充実を図ること。また、各種の統計資料や新聞、視聴覚教材や教育機器などの教材・教具の適切な活用を図ること。

　実際にさまざまな小学校や中学校においてすでに ICT を利用した学習が実施されています。第 1 項で述べた「主体的・対話的で深い学び」を進めていくための一つの手段として、ICT の活用が進められているのです。たとえば、児童がタブレット端末で作成した資料（画像やグラフなど）を、電子黒板に提示しながらスピーチをしたり、社会科見学の見学地について事前にインターネットで調べて班ごとにまとめ、報告の際にも撮影した写真を用いて資料を作成するなどといった事例があります。

　幼稚園や保育所、認定こども園などの幼児教育の場では、子ども自身が ICT を活用するというよりは、保育者が子どもの活動をより深めたり、保護者やほかの保育者と情報を共有したりするために、ICT を活用することが多いようです。

　たとえば、ある園では、子どもたちが時間をかけて遊びのなかで製作していった場や物を保育者がデジタルカメラで撮影し、その過程を壁に貼った画

ふりかえりメモ：

用紙に並べて貼り、子どもたちが話し合ったことや工夫したことを文字で書き込むことで、子どもたちが自分たちの遊びの過程を振り返ることができるようにしています。活動の状況を視覚的に切り取り保存しておくことができるので、子どもたち自身が自分たちの活動を振り返って意味づけたり、次の活動へのアイディアを出したりするのに役立ちます。

また、日中の遊びの様子を園長がデジタルカメラで撮影してそれをタブレットに取り込み、お迎えの時間に子どもと保護者が一緒に玄関で見て会話することができるようにしている園もあります。ほかにも、子どもたちが遊びのなかで発見したことや感じたことをデジタルカメラやビデオカメラで撮影し、スライドを作成して保護者懇談会で子どもたちの様子を説明したり、保育者の研修で写真や映像を用いて子どもについての話し合いをしたりする園もあります。それから、保育者自身が指導計画を作成したり保育日誌を書いたりといった作業や、職員会議等の資料の共有をタブレットで行うことで、業務の効率化を図る園も増えています。

> このような記録をドキュメンテーションともいいますね。
> 第4章（54ページ）に例があるのでご覧ください。

子ども自身がICTを使っている事例はまだそう多く報告はでていませんが、これから増えてくるでしょう。ただし、乳幼児に関しては、人間らしい感覚、たとえば五感で自然を感じる、友だちや保育者との関係のなかでさまざまな感情体験をするといった、情緒や感性に関わる経験を十分にすることが、創造性や人とのコミュニケーションなどの土台を育むためにも必要です。子どもがICTを使えるようにすればよいということではなく、人間らしくバランスの取れた人に育っていくために、どのように保育・幼児教育においてICTを活用していけばよいのかを保育者が考えていくことが大切です。

第2節　多様な教育実践

1. フレーベル主義

フレーベル（1782 - 1852）は、世界初の幼稚園「キンダーガルテン（子どもたちの庭）」を作りました。フレーベルは、子どもが自然界の営みに逆らうことなく育つことができるようにと願いました。フレーベルの「さあ、わたしたちの子どもに生きようではないか！」という言葉には、「子どもの

発達段階に即した子どもらしい生活をたいせつに」、「おとなが子どもの視点に立って、子どもと心をつなぎ、ともに社会を作っていこう」という2つの意味が込められています。

フレーベル主義の幼稚園では、子どもの遊びは単なる娯楽ではなく、きわめて深い意味をもつ重要な活動と位置づけられており、フレーベルが考案した恩物によって教育が行われていました。恩物は、自由に並べたり、摘んだり、組み立てて遊ぶことで、自然に数や形への関心や認識を高め、美的感覚を養い、生活への理解を深めるものです。

日本で初めて創設された東京女子師範学校附属幼稚園もこのフレーベル主義の幼稚園でした。しかし、次第に恩物を手引き通りに教えようとする形骸化した教育実践や、子どもの神聖を啓発することを目的とすることに批判が生じていきました。現在の日本の幼稚園には、お絵かきや遊戯、園庭や花壇、積み木などがありますが、それはフレーベルのコンセプトを受け継いでいるものといえるでしょう。

東京女子師範学校附属幼稚園で実際に使用されていた恩物
（お茶の水女子大学所蔵）

2. モンテッソーリ・メソッド

マリア・モンテッソーリ（1870 - 1952）は、1900年代初頭のローマで、劣悪な環境にいた障害児の治療法を教育に見出し、そのことをきっかけに子ども中心の教育法を確立しました。

モンテッソーリ教育は、「自立した子ども」を育てることを目的としています。「子どもは本来、自ら成長していこうとする力をもっていて、適切な時期（敏感期）に適切な環境が与えられれば、自分で育つ」という考え方のもので、「大人は子どもの要求を汲み取り、自由を保障し、自発的な活動を援助する」ことを重視しています。その目的を達成するために、モンテッソーリは子どもを観察することで教育法を構成し、教具を開発しました。

モンテッソーリ・メソッドのポイントです。

- 子どもが自由に教具を選べること。
- 「やってみたい」と思えるようなおもしろそうな教具があること。
- 社会性・協調性を促すための、異年齢の混合クラスを編成すること。
- 子ども一人一人の発達段階に適した環境を構成し、子どもの自己形成を援助する教師。

　モンテッソーリの保育施設は「子どもの家」といい、子どもたちに自発的な活動に取り組む自由を保障するために、整えられた環境を準備します。そして、「日常生活の練習」「感覚教育」「言語教育」「算数教育」「文化教育」の５つの分野の教育を行います。モンテッソーリ教育を行っている園の特徴としては、縦割りクラスで年上の子どもが年下の子どもの世話をしたり年下の子どもが年上の子どもの模倣をしたりすること、「お仕事の時間」という自由に教具を使う時間があること、日常生活を大事にするため年間行事が控えめであることが挙げられます。

モンテッソーリ教具の一例

3. レッジョ・エミリア・アプローチ

　レッジョ・エミリアはイタリアの小都市であり、レジスタンス運動の解放直後に農民と労働者が「自分たちの学校」を作ったことに、レッジョ・エミリアの幼児教育のルーツがあります。子どもと教師と保護者それぞれが、美的で探求的な活動を通して共に学びあい、育ち合うという市民性と創造性に満ちた教育を形成し、世界中から着目を浴びています。

　レッジョ・エミリア市の幼児教育は、幼児学校（３～６歳）と乳児保育所（０～２歳）において、「ペタゴジスタ」と呼ばれる教育主事と、「アトリエリスタ」と呼ばれる芸術教師が配置されています。建物においては、玄関ホールを入ると「広場（ピアッツア）」と呼ばれるオープンスペースがあり、広場の周りには各クラスが配置され、各クラスにはミニ・アトリエなど性格が異なる空間があります。他に、大きなアトリエや、コンピュータのある図書館などもあります。アトリエには、自然物・人工物・画材といった豊富な素材が分類され、美しく並べられています。

　レッジョ・エミリア・アプローチの特徴は、創造性の教育を行っているこ

とです。アイデアや音など、目に見えないものを描いたり形にすることを励ますなど、考えを表現することに主眼を置いています。子どもたちの活動は、4～5人の小グループでの長期に渡るプロジェクト活動を中心に展開されています。教師は、子どもたちに寄り添い、会話をしながら一緒に事物を探求していきます。たとえば、「小鳥の遊園地」というプロジェクトでは、「小鳥たちのために遊園地を作ろう」といったある子どもの提案から、小鳥たちの遊園地をデザインし、噴水を作るために実際に噴水を見に行き噴水のしくみを考えたり、水車を実験しながら作ったりしています。

　そして、教師たちは子どもたちの活動の様子を「ドキュメンテーション」と呼ばれる実践記録にまとめていきます。その記録は子どもたち自身が自分の活動を振り返る資料となったり、教師たちが研究するための資料や、親と教師が協働するための資料となったりするのです。

　日本では、子どもたちの作品の素晴らしさから芸術教育だととらえられたこともありますが、レッジョ・エミリア・アプローチは、幼児教育の思想であり、日本の幼児教育や学校教育を考える多くの示唆を含んでいます。

4. 森のようちえん

　森のようちえんとは、1950年代中頃にデンマークで、子どもたちに幼い頃から自然とふれ合う機会を与え、自然のなかでのびのびと遊ばせたいと思った母親が、毎日森に出かけたのが始まりといわれています。

自然のなかでのびのびと

　日本では、自然体験活動を基軸にした子育て・保育、乳児・幼少期保育の総称を「森のようちえん」と呼んでいます。「森」は森以外にも海や川、野山、里山、畑、都市公園など、広義の自然を指しており、「ようちえん」は幼稚園のほか、保育所・託児所・学童保育・自主保育・自然学校など、子どもたちを対象としたさまざまな自然体験活動をさしています。

　森のようちえんでは、自然のなかで過ごすことを重視し、四季の移り変わりの美しさや暑さ寒さを感じたり、木や花、動物や虫などさまざまな生き物に出合ったりすることで、五感を育むとともに命に気づいていきます。そして、森のようちえんにかかわる大人は、子どもの自主性を尊重し、子どもの経験を見守ることを大切にしています。そのことにより、子どもは自ら考え、行動し、仲間と一緒に助け合い、自分自身と他者を信頼していくことにつながっていくのです。

5. シュタイナー教育

シュタイナー（1861 − 1925）は、自然科学・数学・哲学を学び、ゲーテの研究から「人智学」という人間観、世界観を確立しました。

シュタイナー教育は「自由への教育」であり、成人した時に、しっかりとした自分をもち、社会や他者とよい関係を築きながら、そのなかで何をすべきかを考え、実際に行動できることを目的としています。シュタイナーの人間観では、人はみな何かしらの使命をもって生まれてきており、その使命を果たすために「精神（天）」「こころ（魂）」「からだ（地）」のバランスが大事であり、それを誕生から成人までに育てていくと考えます。

シュタイナー教育では、人間の成長発達の節目が7年ごとにあると考え、0〜7歳まではからだを作ることを大きな課題としています。教育そのものを芸術行為と考え、芸術にふれて感性を高め、感覚を対象に集中させることを重視しています。水彩画や教師が描いた絵をノートに写しとる、体を動かす、木の実を使って算数をする、自然素材を使い教材を作る、オイリュトミー（体を使ったさまざまな表現）やフォルメン（線を描くことで物の形を理解する）など、子どもたちが生き生きと世界を関わることができるような授業が行われています。また、同じ教科の内容を毎朝100分、3〜4週にわたり集中的に学ぶエポック授業が行われ、子どもが深い体験を通して学ぶことが重視されています。

6. フレネ教育

フレネ教育は、セレスタン・フレネ（1896 − 1966）というフランスの教育者が、伝統的な教師の威厳や権威主義的な教育方法に疑問をもち、自ら子どもたちと向き合うなかで試行錯誤して生み出した「フレネ技術」にもとづいた教育です。

フレネ教育では、学校と生活を切り離さないことを重視し、子どもを起点として主体とした具体的実践を大切にしています。「フレネ技術」の特色として、まず、子どもが書きたいときに、思いついたテーマで自分の生活を素材として自由に作文を書く「自由作文」があります。生活のなかで子どもたちが語ったことや自由作文に書いたこと、絵画などは「学校印刷所」で印刷して「生活の本」とし、テキストとして子どもたちが読み合います。印刷したものは、学校間で交流されたりもします（「学校間通信」）。

子どもたちは自由作文などのとき以外は、自分で決めた「活動計画表」に

よって学習を進め、2週間ごとにみんなの前で自己評価を示し、話し合いで最終評価を決めます。

　子ども自身がイニシアチブを取り、協同的かつ自主的に学ぶことがフレネ教育では重視されます。そのため教師は、子どもたちのことを何一つ知らないと見なして教科書を押しつけるのではなく、書く意欲や自己表現の欲求を与えるなど、子どもを信頼し「心の動きと知識を解放できるように手を貸す」役割が求められます。

　このように、知的学習・個別教育・協同学習・協同的人格の育成を図るのがフレネ教育の特徴であり、フランス全土にその考え方は広まっています。

7. サマーヒル・スクール教育

　サマーヒル・スクールは、A.S.ニイル（1883 - 1973）により1921年に創立された寄宿制の学校であり、もっとも古いフリースクールと言われています。ニイルは、「子どもたちを伝統的な価値観や行動様式からひとまず解放して、自分自身の物の見方を気づかせること」を教育の目的としています。

　「子どもたちは強制よりも自由を与えることでよく学ぶ」という哲学にもとづいたサマーヒル・スクールでは、授業は原則として年齢別のクラス単位で、時間割にしたがって行われますが、出欠席は子どもの意識に任されています。授業内容や方法は、それぞれの教師に任されています。そして、ミーティング（全校集会・定例集会・臨時集会）が行われ、教師も子どもも全員が1人1票をもち、学園内の規則・授業料など経営上の問題・教師の採用などすべてがそこで決められています。サマーヒルは民主主義と社会的平等という原則にもとづいているのです。

8. サドベリー・スクール

　サドベリー・スクールは、1968年にアメリカのボストンに設立された「サドベリー・バレー・スクール」と同じ理念をもち運営されている学校です。アリストテレスの「人間とは生まれつき好奇心を持つものである」という考え方を土台として出発しています。子どもたちは、基礎学力を学びますが、カリキュラムは存在せず、自分の学びたいことを、自分のペースで、自分の時間に、自分のやり方で学びます。それは子どもが自らの責任で学ぶということでもあります。また、クラスはなく、異年齢の子ども同士が自由に学びます。

　子どもたちは、自らのやり方で学ぼうと取り組みますが、自分・自分たち

の力だけでは難しいと判断したときには、子どもは教師（ときには子ども）と「協定」を結び、クラスを作ります。協定を結ぶ際には、子どもと教師が何を学ぶか、回数、お互いの義務などについて話し合い、双方が合意することが必要です。なお、クラスは一般的な学校の授業や学級のような形ではなく、「協定」にもとづいた内容が終わればおしまいになります。そして、協定にもとづいたクラス以外にも、みんなが興味をもちそうな新しいことを話してみたいと思ったら、お知らせを掲示し、同志が現れればクラスが生まれます。

　週1回行われるスクールミーティングは、校則から、規則違反を罰すること、スタッフの契約内容まで、年齢や子どもかスタッフかに関わらず、全員が1人1票をもち、多数決でさまざまな決定を行います。また、ほとんどのサドベリー・スクールは、法律書を発展させて作ったサドベリー・スクールの司法制度にもとづき、さまざまな問題を扱う「司法委員会」をもっています。サドベリー・バレー・スクールのことを、学びの自由が民主主義によって支えられている学校（デモクラティック・スクール）という表現をする人もいます。自由のなかで、子どもたちが「自分のままで」自ら自己実現をしていく場だと言えるでしょう。

9. フリースクール

　「フリースクール」の概念はかなり多様です。欧米では、サマーヒル・スクールやサドベリー・スクールのように、子どもたちによる学校自治と社会的平等が原則とされる「デモクラティック・スクール」を主に指します（ただし、欧米では「フリースクール」という言葉自体が一般的ではありません）。

　また、シュタイナー教育など、伝統的な教育とは異なる理論にもとづいた教育を行う「オルタナティブ・スクール」を指すこともあるようです。アメリカでは授業料無償の学校のことを指すこともあります。

　日本にも「デモクラティック・スクール」や「オルタナティブ・スクール」もありますが、日本における「フリースクール」とは、主に不登校の子どもを受け入れ、学ぶ権利や居場所を保障する認可外の学校的な施設を指すことが多いようです。なお、文部科学省は、2015（平成27）年に「フリースクール等に関する検討会議」を発足させ、フリースクール等を教育制度に位置づける方向で議論を進めています。

第12章 教育実践の多様な取り組み

レッツトライ　　　演習課題

Q 多様な教育について、インターネットや本などで調べて実践を1つ取り上げてみましょう。

ホップ　調べたことをもとに、その教育についてどう思うかを書いてみましょう。

....
....
....

ステップ　周囲の人と調べた教育について説明し合い、どのように思うかお互いの考えを話し合ってみましょう。

....
....
....

ジャンプ　ほかの人と自分の考えを踏まえ、もし自分が保育所や幼稚園、学校を作るとしたら、どのような教育を行いたいかを考えてみましょう。

....
....
....

【参考文献】

文部科学省「2020年代に向けた教育の情報化に関する懇談会 中間まとめ」2016年

文部科学省「学びのイノベーション事業 実証研究報告書」2014年

文部科学省「学習指導要領」2017年

文部科学省「幼稚園教育要領」2017年

厚生労働省「保育所保育指針」2017年

内閣府「幼保連携型認定こども園 教育・保育要領」2017年

豊泉清浩「フレーベル主義幼稚園の展開について」『群馬大学教育学部紀要 人文・社会科学編 64』2015年　pp.103-114

レッジョ・チルドレン『子どもたちの100の言葉』日東書院　2012年

小田豊・山崎昇監修『幼児学用語集』北大路書房　2013年

マリオ・M・モンテッソーリ『人間の傾向性とモンテッソーリ教育』風鳴舎　2016年

クーヨン編集部『モンテッソーリの子育て』クレヨンハウス　2011年

今村光章『森のようちえん：自然のなかで子育てを』解放出版社　2011年

NPO法人森のようちえん全国ネットワーク連盟　http://morinoyouchien.org/

ダニエル・グリンバーグ（大沼安史訳）『「超」学校－これが21世紀の教育だ』一光社　1996年

セレスタン・フレネ（石川慶子・若狭蔵之助訳）『シリーズ・世界の教育改革7　フランスの現代学校』明治図書　1979年

西平直「フランスの現代学校　子どもの「生活・生命 (la vie)」から子どもの「飛躍と情熱」へ」　佐藤学編『教育44』平凡社　2001年

堀真一郎『ニイルと自由な子どもたち　サマーヒルの理論と実際』黎明書房　1984年

無藤隆・汐見稔幸・砂上史子『ここがポイント！ 3法令ガイドブック－新しい『幼稚園教育要領』『保育所保育指針』『幼保連携型認定こども園教育・保育要領』の理解のために』フレーベル館　2017年

第12章 教育実践の多様な取り組み

第13章
生涯学習社会と教育

エクササイズ　　自由にイメージしてみてください

「学び続ける教員像」という言葉があります。この言葉からどのような印象を受けますか？　また、どうしてこのような言葉が誕生したと思いますか？

第13章 生涯学習社会と教育

学びのロードマップ

- 第1節・第2節
  現代の生涯学習の取り組みや課題について紹介します。

- 第3節
  諸外国の生涯学習論（ユネスコやOECDのCERI）の概念を解説します。

- 第4節
  日本の生涯学習の概念や歴史的経緯について説明します。

この章のなるほどキーワード

■ **「生涯学習」** …人々が生涯に行うあらゆる学習のことを指します。人々が生涯のいつでも自由に学習機会を選択し学ぶことができ、その成果が適切に評価される社会、すなわち生涯学習社会が望まれています。

日本では、2006（平成18）年に教育基本法改正にともない第3条（生涯学習の理念）が設置され、第12条（社会教育）によってその施策がより鮮明になりました。

第1節　生涯学習の取り組み

1. 生涯学習の取り組み

　現代では学生だけでなく、社会人にも多様な教育の機会が与えられることが要請されるようになりました。人生において、たとえ事業に失敗したとしても、幾度でも再試行ができるような社会が目指されているのです。2006（平成18）年に国は「再チャレンジ支援総合プラン」を策定しました。

　文部科学省は、大学や専門学校等での学び直しを支援するとともに、新たなる目標を考えている青年、女性、高齢者等を支援するために、社会の一員として再チャレンジが可能なようになる教育体制の構築に取り組む方向性を示したのです。目標としているのは、人々があらゆる機会に、あらゆる場所において、学ぶことができて、その成果が適切に評価される社会です。一例として、テレビやラジオの番組などのマスメディアを活用して、居宅であっても大学教育を履修可能な放送大学があります。さらに実践、実務的な資格取得と就労を目指す専修学校もあります。

　加えて、中学校や高等学校卒業が叶わなかった人々には、中学校卒業程度認定試験や高等学校卒業程度認定試験を実施し、中等教育を履修する機会が提供されています。それらには生涯学習の成果を発表する場として、「全国生涯学習フェスティバル（愛称：まなびピア）」などがあります。このような催しなどによって、学習活動への参加機会を周知することになっています。

2. 生涯学習の施設と指導者

（1）生涯学習の施設

　社会教育法第5条および第9条に、その教育を担う施設として、公民館、図書館、博物館が示されています。これらの施設は、行政による設置や運営とは限らず、私的な篤志家などの民間による設立や運営がされていることもあります。つまり社会教育（生涯学習）は、箱ものによるハード面だけではなく、人的資源のソフト面によっても構成されています。

（2）生涯学習の指導者

　生涯学習の指導者としては、社会教育法第9条に次のように示されています。

第13章 生涯学習社会と教育

> **生涯学習のさまざまな指導者たち**
> ・社会教育主事　・社会教育主事補　・博物館学芸員　・公民館の主事
> ・図書館司書　・青少年教育施設　・女性教育施設の指導職員
> ・体育施設の指導員　・文化会館や生涯学習センターの指導員
> （※以上の施設の非常勤職員も含む）
> ・職業訓練学校の教員　・教育委員会の諮問機関としての生涯学習委員
> ・社会教育委員　・生涯学習施設・社会教育施設にかかわる審議会等の委員
> ・ボーイスカウト　・ガールスカウト
> ・YMCA・YWCA など各種団体や民間団体 NPO 法人　・青少年愛護団体など

　2009（平成21）年度及び2010（平成22）年度には「社会教育を推進するための指導者の資質向上等」事業の概要が出されて、指導者の専門性など資質向上のために研修が用意されるようになりました。たとえば、社会教育主事専門講座、公民館職員専門講座、新任図書館長研修、図書館司書専門講座、メディア教育指導者講座などです。

第2節　生涯学習の課題と施策

　文部科学省の生涯学習局が掲げている課題や施策には、次のようなものがあります。

1. 教育分野における子ども・子育て支援施策

　生涯学習において、乳幼児期からの教育は最重要施策の1つとなっています。とりわけ、幼稚園教育と保育所との一体化が大きな課題です。2017（平成29）年告示の幼稚園教育要領、保育所保育指針、幼保連携型認定こども園教育・保育要領があり、学習指導要領では、「資質・能力（三つの柱）」と「幼児期の終わりまでに育ってほしい姿」について共通（共有化）が図られました。とくに「資質・能力」は幼児教育施設から高等学校まで貫かれるものです。しかしながら、諸外国が幼保一体化に向かう流れとは異なり、わが国の幼児教育施設は大きく三施設に分立しており、さらに自治体の認証施設等を加えるとさらに細分化されているのが現状です。

　就学後の子育て支援の課題に対しては、たとえば厚生労働省の放課後児童クラブ（学童保育）、文部科学省の放課後子供教室などが行われています。

2. 高齢者社会への対応

　2012（平成24）年の報告書「長寿社会における生涯学習のあり方について〜人生100年いくつになっても学ぶ幸せ『幸齢社会』〜」に示されているように、生涯にわたって教育の機会が得られるように環境を整備することになっています。ただし、各自治体の高齢者向けの講座では、高齢者人口が増加しているのに反して、その履修者数は頭打ちあるいは減少傾向さえみせています。また、地域社会のさまざまな事業や伝統文化の指導者らが高齢化しており、継承が危惧されています。

3. 人権教育と支援

　2011（平成23）年に、拉致問題担当、総務、法務、文部科学の4省庁連名で、都道府県知事と都道府県教育委員会教育長に対して、拉致問題に関する理解促進とともに、あらゆる人権教育とその啓発の推進や男女共同参画社会の形成に向けた学習活動の振興が示されました。具体的には、海外帰国子女に加え、外国籍の保護者や多様な民族の保護者とその子たちの文化と、クラスの子どもやその保護者とともに伝統文化を理解しあうことです。たとえば民族料理や伝統料理を一緒に作り食べることなどがあります。互いの慣習などを理解し、忌避行為に配慮をしながら関わることが大切です。

4. 児童虐待の防止

　学校・園や教育委員会に対して、児童相談所等に情報提供をする義務や教職員に対する研修の充実が図られています。これらによって児童虐待の早期発見や早期対応ができるようになり、通告後の関係諸機関との連携を円滑に図れるようになりつつあります。たとえば、児童虐待の速やかな通告を一層推進するための留意事項が、都道府県を通じて、学校教育関係者に周知することとなっています。虐待防止や発見のために、スクールソーシャルワーカーやスクールカウンセラーなどの専門家を活用し、教育相談体制の充実と保護者たちへの周知もしています。

　近年、児童相談所への相談件数が増加の一途をたどっていますが、これを肯定的に解釈すれば、これまで隠蔽されていたり、言い出しにくかったりしたことを報告しやすくなっている、ともいえるかもしれません。もちろん相談内容についての十分な吟味と検証が必要となってきます。

5. 消費者への留意事項の教育

　食の安全・安心を揺るがす産地偽装、高齢者を狙った悪質商法や詐欺、SNSなどインターネットを通じた青少年層における盗品や不法薬物の売買などが増加しており、折にふれて注意喚起を呼び掛けています。

6. 環境教育・学習と持続可能性のある教育

　農林水産省や総務省が連携した「子ども農山漁村交流プロジェクト」を実施し、農山漁村での民泊を取り入れた自然体験活動などを支援し、エコスクール（環境を考慮した教育施設）の整備を推進しています。日常での環境保全の意識を高めることがねらいです。環境教育は、清掃や動植物の保護など地域の生態系の保全からスタートしていて、その保全は地球全体規模の環境保護にもつながるものです。

7. 生涯学習と社会教育の用語の整合性

　生涯学習と社会教育とは、それぞれの用語が、各都道府県や市町村自治体単位の教育委員会で、どちらが主を占めるかによって、適用範囲や使途の内容にニュアンスが異なることがあります。明確に使用目的を峻別している自治体もありますが、そうではない場合も多くあります。

　そのほかでは、市町村合併の影響を受けて公民館の再編・統合も図られていますが、これによって今後の生涯学習への影響が出てくるかもしれません。公民館が運営のスリム化や財政の効率化にさらされることになると、教育を重視する世界的動向からすれば、その潮流に逆行することとなります。

　さらに社会教育・生涯学習を行う施設を民間移管することが各地の自治体で散見されます。その結果、受講者数だけをクローズアップするような成果主義から人気取り的な講座が増え、本質的な教育内容が喪失してしまう可能性もあります。とくに身近な地域施設である公民館の統廃合は、障害者（児）や高齢者、子どもなどのように移動に不利な人びとへの学習の機会が減少する危惧があります。

ちなみに生涯学習が注目されるようになったのは、1960年代に出されたユネスコの生涯学習論がきっかけでした。次節では世界の生涯学習論をみていきましょう。

第3節　諸外国の生涯学習論の概念

ヨーロッパ諸国では、学校教育終了後のいわゆる卒後教育について、日本のような社会教育はなく、生涯学習にも価するものもありませんでした。それには成人教育（adult education）に限定されたものでした。したがって、ペタゴギー（pedagogy[1]；子どもの教育）に対するアンドラゴギー（andragogy[2]；成人の教育）という言葉を、生涯学習を指すものとしてあてることもあります。

生涯学習の観点については、1960年代にあったユネスコ[3]での生涯教育に関する理念を基礎にして、OECD（経済協力開発機構）[4]のCERI（教育開発研究センター）[5]によるリカレント教育論、ヨーロッパ評議会による地域での教育論などがあります。

1. ユネスコの生涯教育論

ユネスコの生涯教育論[6]は、1965年に成人教育推進部会で、ラングラン（Langrand,P.,1910-2003）が提出した議定書（ワーキング・ペーパー）に始まります。さらに、教育開発国際委員会は、生涯教育論の考え方を発展させて「フォール・レポート（教育開発国際委員会報告書）」（ユネスコ，1971）を公表しました。

ユネスコによる生涯教育の意図は、あらゆる人々に平等な教育の機会を提供することによって、一人一人の自己実現を目指そうとするものです。なかでも発展途上国を視野に入れていて、自己決定による学習や学習者の参加を推進しています。その内容は、環境教育や平和教育を重視したものです。

ユネスコによる生涯教育論は、理想や理念的な役を果たしています。ユネスコは、教育の変革が社会の価値や構造にも変容をもたらすとみています。将来の社会に、人間中心主義を求め、すべての人々が協同して学習に取り組む社会となることを期待しているのです。

2. OECDのCERIによるリカレント教育

（1）リカレント教育とは

OECDのCERIの考え方では、社会の発展は積極的な個人の能力に依存し、密着しています。それは実践的で現実を直視したもので、具体的には先進諸国の通商産業に関わる人材育成に焦点をあてています。その代表がリカレント教育です（1970年代から提唱しています）。つまり義務教育以降の教育シ

---

[1] Pedの語源子やぎを gogy導くこと。

[2] Andraの語源雄やぎを gogy導くこと。ノールズ（Knowles,M.S., 1980）によって提唱されたと言われる。

[3] UNESCO：United National Educational, Scientific and Cultural Organization

[4] Organisation for Economic Co-operation and Development：日本や欧米諸国など約30カ国からなる組織で、政策調整や協力等を行っています。

[5] Center for Educational Research and Innovation：OECD加盟国による教育施策の立案にかかわる協同研究の機関。1968年に設置されて現在に至っています。

[6] 直訳では「恒久教育」。初期の発表段階では、Life-long-integrated education（生涯統合教育）とよばれましたが、その後Lifelong educationに変更されたのです。近年では、日本と同じように、学習者自らによる主体的な学習を重視し、Lifelong learningとも言われるようにもなっています。

ステムを改造することに関心があるのです。

　ここで言うリカレント教育とは、学校教育を修了した者が、就労した後に学習することを指します。たとえば、社会人は職場の業務を行いながらも、最先端の知識や技術を習得することに迫られることがありますが、そのために大学や大学院で学習することがリカレント教育にあたります。あたかも長期間使用して時代にそぐわなくなったものをリサイクルして新しい商品として用いるように、リカレント教育をして自己再生することとなります。

（2）ユネスコの生涯教育論との比較

　OECDによる教育の考え方は、ユネスコによる生涯教育論と比較して、より具体的な内容となっています。しかし当初の考え方は、ユネスコと同様に義務教育修了後、成人期の生活においての教育（post-school education）に、機会の均等があることを目標とされていました。今では組織論的な考えから、人的能力開発へ焦点が移っています。それゆえリカレント教育は、OECDの加盟国である先進諸国を主にして導入されています。日本でも、職場を休職せずに、夜間大学院などの高等教育機関に通う勤労者が増えてきています。たとえば、MBA*7の資格取得などです。近年では、諸国間の経済事情、家庭間の経済格差が、教育の質や量に基づく要因であることを分析し明らかにしています。そこでCERIは、各国に対してECEC*8を充実させることを勧告しています。そこには幼児教育への経済投資が社会還元のうえでコストパフォーマンスになると報じているのです。

＊7
Master of Business Administration 経営学修士

＊8
Early child education and care：幼児教育保育。ECCE（Early child care and education）の表記もあります。

3. ヨーロッパ評議会の生涯教育

　EU*9諸国で結成されているヨーロッパ評議会（council of Europe）の生涯教育の目標は、すべての人びとが権利として、創造性を充分に発揮できるような文化性の豊かな小さなコミュニティづくりをして、文化政策的な取り組みをすることにあります。地域についての課題が中心であり、地方分権的なものです。それぞれの民族や地理的特質やそこの伝統的文化を生かした教育を担っていこうとしています。とくに成人教育について、最も中心的な役割を担うものとみなしています。つまり、人間の全人的な成長は創造的な文

＊9
European Union ヨーロッパ連合

ふりかえりメモ：

化活動によって可能になるとしていて、そのためには社会がもつ独自の文化の存在を重要とみているのです。

4. アメリカの生涯教育

　アメリカの生涯教育は、古くは成人教育を指しました。現在の特徴としては、民族や人種にとらわれずに教育の機会均等が図られること、さらには社会的経済的格差があっても教育を受けることができる機会の保障が担保されることなどにあります。そのためには、補償教育や持続可能性のある教育（continuing education）の機会を設ける必要がありますが、以前からコミュニティカレッジなどによる広汎で多様なプログラム提供などの取り組みが試みられています。なかでもハッチンス（Hutchins,R.M.,1899-1977）による「学習社会論[*10]」は、生涯教育の語源にもなっています。彼の考えが前述のユネスコのフォール・レポートにも継承されたともいわれています[*11]。

*10
ハッチンズ,R.M.,笠井真男（訳）『教育と人格』エンサイクロブリタニカ 1968 年

*11
ハッチンスは、労働が工業社会の発展により、その必要性がなくなることを述べ、労働の準備教育の観点から、社会の価値転換を教育が果たすべきであると主張していました。

続いて、日本の生涯教育の歴史を振り返ってみます。

第4節　日本での生涯学習

　日本では、欧米とは異なり、独自に江戸期以来、村落共同体的な民間の組織による地域での教育が維持されていました。制度的には、明治期から欧米の考えも導入しながらも、それまでの流れを踏襲しながら「社会教育」として発展をしていきました。

1. 日本の生涯学習論の概念と歴史的経緯

　今日の日本では、生涯学習（教育）は、学校教育や家庭教育と並んで、地域社会に関わる教育として位置づけられています。しかし、歴史的な経緯をみますと、かなり複雑な経緯をたどって今に至っています。

（1）近代以前の養育と教育

　わが国では、かつては村落共同体的な相互作用のなかで養育（子育て）と教育が行われていました。そこには江戸期から昭和期半ば続いた親族や地縁の人々の絆から組織された子供組（小供組、のちに少年団、こども会）や若

衆組（若者組、のちに青年団、青年会）などによる教育集団があったのです。その教育は、ヨーロッパの地域での教育よりも幅広い年齢層を対象としていました。幼児、児童、青年、未婚の成人に、あるいはそれぞれの年齢段階の集団において、年長者による口承に基づくものでした。老若男女が生活を共にし、冠婚葬祭を中心として常に社会参加していました。それらの成員として役割を経験することによって自己を形成していったのです。

ただし、古代から近世に至るまで、生活にわたる学習は、地域（むら）の人々の裁量に任されていて、制度的なものはありませんでした。

（2）明治初期の通俗教育

1872（明治5）年に「学制」が公布された頃には、「生涯学習」の用語はもちろん、「社会教育」の概念すらありませんでした。そのころの日本には近代学校教育制度の整備をすることで手いっぱいであったのかもしれません。1885（明治18）年になると、のちの社会教育にも通じる用語となる「通俗教育」が現れました。通俗教育の意味は、社会的経済的地位の低い人、当時の言い方では、下流人民に対して、上（政府）からの通俗近易に説明する教育を示しました。とくに読書修業を中心とするものであって、そこには思想の善導とともに統制の目的もありました。通俗教育の役割は、学校教育の補完的機能でもあったのです。つまり、義務教育後の青年や経済的な理由で就学が困難な児童に対する学校教育の代替機能としての役割でもあったということです。さらなる役割には、学校教育に対する親の理解を求めることも意味しました。また、地域住民が自らの知識や経験を生かす場を広げ、今でいう生涯学習社会の実現や地域の教育力の向上を図ろうとしていたのです。

2. 生涯学習の黎明：社会教育の始まり

（1）展覧会の開催や博物館の設置

日本での制度的な生涯学習の原点は、明治維新に、西欧文化と取り入れるためにヨーロッパに派遣された使節団の報告にあるといわれます。その報告書には、フランスの成人教育やアメリカでの、いわゆる無学の成人を教育することが掲げられていた、とされています。当時の日本には、生涯学習や社会教育という概念ではなく、欧米の学校教育を修了した者を対象とした成人教育の紹介にとどまっていたのです。

わが国の社会教育の発端は、さかのぼること明治期の文明開化を推進する施策にあります。当時頻繁に開催されていた西欧文化の紹介に関わるイベントや施設に注目して、社会教育の行事・施設にあたるものを国家主導で開催・

設置するようになりました。たとえば、1871（明治4）年には、日本最初の博覧会が催され、翌年には博物館が設置されました。これらは文部省（当時）だけでなく、内務省（当時）においても行われました。ただし、内務省の目的は、殖産興業や富国強兵策の一環にあったのです。

　1892（明治25）年になると、福澤諭吉が、学校教育と比較し社会における実用的な教育の効用を述べて、「人間社会教育」とする表現を用いました。これが社会教育の始まりと言われます。この用語は公的には、大正期に広まることになります。

（2）明治期の学校教育の状況

　学校教育についてみると、学制発布から、尋常小学校への就学率は徐々に増加してはいましたが、1899（明治32）年では、それがまだ70％に至らず、しかも女子の就学率は、ようやく過半数程度でありました。つまり「国民皆学」としての目標を成就することはできていませんでした。1900（明治33）年の小学校令改正により、尋常小学校を4年制に統一し、義務教育としての授業料を徴収しなくなって、就学率が90％を超えるようになりました。大正、昭和と時代が進行するにつれて100％に近づいていくのです。

　明治期の就学率低迷の原因は、何よりも教育に対する保護者の無理解によるものとも考えられています。当時の就労形態は農業が主流であったために、子どもは各家庭や地域社会にとって貴重な労働力となっていたのです。それを教育活動によって奪われるうえに、農作業や家事に直接に関係のない教育内容を学ぶことに、多くの保護者は意義が見出せなかったのです。

　そこで、保護者に対して、子どもの就学についての啓蒙活動が展開されるようになります。具体的には、通俗教育懇話会、通俗教育懇談会、教育幻燈会、教育展覧会、通俗衛生教育懇話会などが全国各地で開催されました。それらの準備運営や開催を、村長、地域の名士、教師などが担当しました。

　これと同じ頃に、ボーイスカウト・ガールスカウトやキリスト教青年会（YMCA）・キリスト教女子青年会（YWCA）が発足していました。こうした青年会活動は、現代では失われた「青年団」の役を引き受ける社会教育の一環として機能しています。

3．社会教育の確立

　通俗教育政策は、大正期に入っても引き継がれ、1921（大正10）年に、文部省が名称を「社会教育」として改称しました。政策の内容に大きな変化が生じたわけではありませんでしたが、この時の名称が今にも至ることとな

ります。

　当時は民主主義が発展した大正デモクラシーの時代です。民衆みずからの要請によって、社会教育は振興されていきました。また、映画や蓄音機、ラジオなどの情報メディアが普及したことによって知識欲が増え、より高度な学習に対する意欲が増していました。

　この頃、民間から生まれた社会教育に「自己教育運動」があります。1917（大正6）年には信濃木崎夏期大学が誕生しました。講座内容には、自然科学、社会科学、人文科学の三分野が設けられていて、生涯学習講座の先駆けとなっています。これを契機として、全国各地に「自由大学運動」が起こり、青年運動、労働学校運動、宮澤賢治による農民教育などの多様な学習活動が展開されるようになりました。

「雨ニモマケズ」で有名な宮沢賢治が農民教育に励んだ背景には、このような時代の空気があったのですね。

4. 社会教育の発展と生涯教育による教育観の転換

　1949（昭和24）年になると、「社会教育法」が教育基本法や学校教育についで公布され、法令上も当該教育が認められるようになりました。それまでは社会教育に関する法律としては、1899（明治32）年の図書館令があっただけでした。それ以外は必要に応じて通達などによって、社会教育行政の施策が展開されてきました。社会教育法以降、改めて図書館法や博物館法などが制定されていきました。

　その後、前出のラングランが生涯教育を提唱したことによって、「従来型の学校教育によって日本国民の教育が充足する」とする教育観に変革がもたらされました。それまでの学校教育は、教育による訓練の期間と職業による労働の期間を明確に分別し、児童期や青年期に教育を集約することによって、その後の人生の大部分を生産活動に専念させようとするものです。したがって、かつての教育には、社会の経済振興のために教育の効率化を図ることに重点が置かれていたのであって、個人の自己実現や生涯発達のために卒業後も学ぶという発想はなかったのです。

　1971（昭和46）年の社会教育審議会答申「急激な社会構造の変化に対処する社会教育のあり方について」において、ようやく、生涯教育の側面から各個人による学習活動に対する条件整備と援助の必要性を強調することとなりました。

5. 生涯学習社会への展開

　1981（昭和56）年には、中央教育審議会答申「生涯教育について」のなかで「生涯学習」という言葉が用いられ始めました。そこには、「生涯教育とは、国民の一人一人が充実した人生を送ることを目指して生涯にわたって行う学習を助けるために、教育制度全体がその上に打ち立てられるべき基本的な理念である」と記されています。1984（昭和59）年の臨時教育審議会答申では、「個性重視」「生涯学習体系への移行」等が改革の視点として打ち出されました。当時の文部省は、社会教育局の名称をも生涯学習局に改称しています。

　それまでの生涯学習（教育）では、従来の社会教育と内容が重複するとともに、学校教育が先行するとしていました。さらに、いわゆる縦割り的な行政制度のために、学校教育と社会教育との枠を超えたところで、生涯学習のための施策が講じられることはなく、社会教育のなかに組み入れられてしまいました。なかには高齢者のための教育活動として位置づけられる誤解さえ生じています。

　1990（平成2）年には、中央審議会答申「生涯学習の基盤整備について」において、国民の生涯にわたる学習機会が求められているとする理由から地域での生涯学習が奨励されました。それは「生涯学習の振興のための推進体制の整備に関する法律」（2002年改正）として今に至っています。この法律では、「国民が生涯にわたって学習する機会があまねく求められている状況にかんがみ、生涯学習の振興に資するための都道府県の事業に関し、その推進体制の整備その他の必要なことを定め…」としています。

　つまり住民が生活する場である地域の実情に合わせて生涯学習を振興する方策を立案し、それを都道府県や市町村の各地方自治体が中心となって、その機会を保障し、拡充していこうとするものです。

第13章 生涯学習社会と教育

レッツトライ　　　　　　　　　　　演習課題

Q 生涯学習についてまとめてみましょう。

ホップ　生涯教育（生涯学習）は、誰が、どこで提唱したものでしょうか。箇条書きで書き出してみましょう。

ステップ　生涯学習を担う国際的な機関・組織があります。主なものを列挙して、どのような観点で実施しているのかを話し合ってみましょう。

ジャンプ　日本では、生涯学習について別の名称を用いることがありました。もちろん欧米でも異なった名称がつかわれていました。それぞれの名称を書き出してください。それとともに生涯学習との意味の違いを明確にして文章にしてみましょう。

【参考文献】

ハッチンズ,R.M.,（笠井真男訳）『教育と人格』エンサイクロブリタニカ　1968年

厚生労働省「今後の子育て支援のための施策の基本的方向について」2011年
　　http://www.mhlw.go.jp/bunya/kodomo/angelplan.html

厚生労働省「緊急保育対策等5か年事業の実績」2011年
　　http://www1.mhlw.go.jp/topics/hoiku/tp0807-1_18.html

厚生労働省「重点的に推進すべき少子化対策の具体的実施計画について」2011年
　　http://www2.mhlw.go.jp/topics/topics/syousika/angel03.htm

麻生誠・池田秀男編『教育革新と教育計画』第一法規　1984年

経済協力開発機構（OECD）『図表で見る教育OECDインディケータ（2015年版）』明石書店　2015年

住田正樹『子どもの仲間集団と地域社会』九州大学出版会　1985年

社団法人全国公民館連合会『指定管理者制度［増補改訂版］』2015年

田熊三保「Starting Strong Ⅲにみる保育の質向上政策の動向」日本保育学会「OECD Starting Strong Ⅲにみる保育の質向上に向けた保育政策：日本の子ども・子育て政策を考える」（後援：文部科学省、厚生労働省、内閣府、国立教育政策研究所）　2011年

田中治彦『少年団運動の成立と展開――英国ボーイスカウトから学校少年団まで』九州大学出版会　1999年

西宮市教育委員会『平成27年度（2015年度）西宮市教育年報』2016年

西宮市教育委員会『西宮教育推進の方向　平成29年度（2017年度）』2017年

西本望「現代教育の課題2」戸江茂博（編）『教育原理』あいり出版　2013年　pp.159-185

西本望「第3章子育て支援事業の概要」橋本祐子（編）『家庭支援論』光生館　2011年　pp.39-60

日本教育社会学会編『グローバリゼーションと社会教育・生涯学習』東洋館出版　2005年

野田亜悠子「幼保一体化議論の経緯と制度設計における課題～子ども・子育て新システムの基本制度案要綱を踏まえて～」『立法と調査』No.311　2010年　pp.3-20

兵庫県子ども連絡協議会『子ども会の歴史—兵庫県子ども連絡協議会30年史』兵庫県子ども連絡協議会　1983年

堀和弘「Ⅱ部3章社会教育と生涯学習」武安宥他（編）『人間形成のイデア』（改訂版）　昭和堂　2008年　pp.70-78

元木健・諸岡和房（編）『生涯教育の構想と展開』第一法規　1984年

三野靖「保育の提供手法の比較検討」『自治総研』通巻389号　2011年　pp.23-52

渡辺嘉久「Ⅱ部4章福祉社会の形成とその担い手」武安宥（編）『人間形成のイデア』（改訂版）』昭和堂　2008年　pp.79-90

渡辺嘉久「Ⅷ社会教育」武安宥他（編）『現代教育原論入門』昭和堂　1990年　pp.181-203

今西幸蔵『生涯学習論入門〔改訂版〕』法律文化社　2017年

第13章 生涯学習社会と教育

第14章
現代の教育課題
―多様性（Diversity）を受け入れる教育を目指して―

　エクササイズ　　自由にイメージしてみてください

　あなたの小学校、中学校、高校の生活を思い出してみてください。今の小学生、中学生、高校生との違いを感じることはありますか？　（子どもを取り巻く環境の変化、通信手段の変化に着目してみてください）。

第14章 現代の教育課題－多様性(Diversity)を受け入れる教育を目指して－

学びのロードマップ

この章のまとめ！

- ●第1節
  これからの教育における「多様性（Diversity）」の重要性を解説します。

- ●第2節
  多文化共生の保育・教育について説明します。

- ●第3節
  貧困や性的マイノリティなど、社会的排除の対象となりがちな子どもの問題について指摘します。

この章の なるほど キーワード

■「**Diversity（ダイバーシティ）**」…これからの教育のキーワードとなるのが Diversity（多様性）です。

あえて英語で表記しているところに注目してくださいね。

第1節　教育における多様性(Diversity)の重要性

1.「多様な子ども」を受け入れること

(1)"Diversity"（多様性）とは何か

　大正末期から昭和の初めにかけて活躍した童謡詩人の金子みすゞの作品にこんな詩があります[1]。

　　私と小鳥と鈴と

　　私が両手をひろげても、
　　お空はちっとも飛べないが、
　　飛べる小鳥は私のように、
　　地面(じべた)を速くは走れない。

　　私がからだをゆすっても、
　　きれいな音は出ないけど、
　　あの鳴る鈴は私のように、
　　たくさんな唄は知らないよ。

　　鈴と、小鳥と、それから私、
　　みんなちがって、みんないい。

　小学校の国語の教科書にも載っている有名な詩ですので、読んだことがある人も多いのではないでしょうか。この詩の最後にある「みんなちがって、みんないい」という一文こそ、この章で取り上げる「Diversity」（ダイバーシティ、多様性）の概念をよく表しているものです。
　Diversity とは英語で「多様性」を意味する言葉です。地球上には、生まれた国や宗教にもとづくさまざまな価値観、背景、立場の人がいます。近年、交通や通信手段が発達し、グローバル化[*1]が進んだことで、人間は従来の国境にとらわれず、国籍、人種、宗教の違いを越えて地球規模で生活するようになってきています。もともと「違い」をもった人々が、仲良く一緒に暮らすためには、多様な価値観や文化、性別、宗教などの違いを越えて互いを尊重しあい、認め合い、協力しあって生きていかなければなりません。人々

*1
グローバリゼーション(globalization)、または地球規模化などともいいます。政治・経済・文化・労働など、人間が関わるさまざまな場面で、地図上に引かれた従来の国境を越えた関わりが生まれることを意味します。インターネットの普及で、真っ先にグローバル化されたのは「情報」でした。

第14章 現代の教育課題－多様性(Diversity)を受け入れる教育を目指して－

がもっているさまざまな「違い」を肯定的に受け止めて言い表した言葉が「Diversity」です。まさに、冒頭にあげた金子みすゞの詩にある「みんなちがって、みんないい」という言葉そのものなのです。

(2) 日本語のダイバーシティ

日本語でも「ダイバーシティ」というカタカナ表記でこの言葉が使われるようになっています。ただ、労働の現場で多様な人材を受け入れること、特に女性の社会進出を進めようといった意味合いで使われることが多いようです。これは本来の英語のDiversityよりもかなり狭い意味になっています。

しかし、日本でも労働の現場に限らずあらゆる場所で、一人一人の人間の価値観や立場の違いを認め合って生きることが必要な時代になっています。違いがあるのは男女のジェンダー[*2]だけではありません。国籍や人種、宗教、文化的背景、経済状態、障害の有無、LGBT[*3]など、日本に暮らす人々の価値観や置かれた立場も多様化しています。どのような立場、生き方の人であっても認め、受け入れ、ともに暮らそうとするDiversityの視点が求められる時代なのです。

2. 教育現場で必要な「Diversity」の視点

(1) 国籍や人種の違い

特に重要なのは、日本の教育現場で教員がDiversityの視点をもって指導にあたることです。たとえば、国籍や人種の違いです。日本国内の幼稚園・保育所、学校の多くに、世界各地にルーツをもつ子どもたちがいます。親や祖父母の世代に別の国から日本にやって来た人たちもいれば、近年、新たに日本に移ってきた「ニューカマー」と呼ばれる移民の人たちも少なくありません。また、異なる国籍のカップルの結婚によって生まれた二重国籍の子どももいるでしょう。海外にルーツをもつ子どもたち、外国籍をもつ子どもたちが、今そこにいる理由は一人一人違います。教育現場では一人一人の背景を理解することが必要です。

(2) 宗教の違い

日本人は宗教に対する意識があまり厳密ではありません。各家庭にはそれぞれ決まった仏教の宗派が引き継がれ、お葬式は仏教形式で行っても、新年の初詣には神社に行き、クリスマスにはミサに参列したりパーティーを開いたりするなど、多様な宗教観のなかで生きている人が大多数でしょう。そのため宗教の違いは、教育の現場ではあまり問題にならないことが多いのです

[*2] 生物学的な性を「セックス」と呼ぶのに対し、役割としての性を「ジェンダー」と呼びます。文化的、社会的な慣例から、その性に当てはめられた役割のことです。

[*3] レズビアン（L）・ゲイ（G）・バイセクシャル（B）・トランスジェンダー（T）の略語です。性的な嗜好だけでなく、自身の性をどう受け止めるかといった、性に対する多様性を表す言葉です。日本でもLGBTへの理解は年々深まりつつあります。

が、日本人にとって馴染みのない宗教とふれあうことになった時には、摩擦も起こります。たとえば、インドネシア、バングラデシュ、中東などのイスラム教の国にルーツをもつ子どもたちが日本の学校に通うようになれば、「常識」の違いからさまざまな課題が生じることがあります。宗教の違いを「郷に入っては郷にしたがえ」とばかりに否定したり、排除したりしてはいけません。教育の現場でも、彼らの宗教を尊重することが必要です。

（3）貧困への理解と支援

今、日本では家庭間の経済的な「格差」が拡がっています。学校や保育施設にいるのは経済的に恵まれた子どもだけではありません。ひとり親家庭や、非正規で働きづめになっている保護者の家庭、親が病気になって収入が途絶えた家庭もあるでしょう。表面上はわかりにくくても、学校に来る子どもたちにはそういった経済的な問題を抱えている子どもたちがたくさんいます。

グローバル化がもたらすといわれる経済状態の格差はDiversityのネガティブな一面ではありますが、それが「排除」につながらないように支援していく道をつけることが必要です。教育現場で、貧困を抱える子どもたちを見出し、しっかり受け入れ、必要な教育とともに福祉的なケアを行い、場合によっては専門の機関につないでいくことも現場の教員の大きな役割です。

（4）LGBTへの理解

LGBTの子どもたちは学校内にもごく普通に存在しています。LGBTがまだ理解されず、差別やいじめの対象になっていた時代もありました。そういった性的マイノリティ（少数派）の子どもたちへの理解もDiversityの重要な要素です。

幼稚園や保育所の時代から、クラスのなかには、電車や車など男の子が好む遊びをするのが好きな女の子、女の子と一緒におままごとやお姫様ごっこのような遊びをすることが好きな男の子が必ずいるはずです。自分の身体の性と心の性が違う子どもたちもいます。同性に憧れ、恋心を抱く同性愛の子どもたちもいます。そういった性的マイノリティの子どもたちの「性」のあり方をありのままに認め、受け入れて、学校内でのいじめや差別が無くなるようにしなければなりません。

（5）学校教育のなかでのDiversity

グローバル化がさらに進み、あらゆる価値観が混在するようになると考えられるこれからの時代には、教育現場のなかでDiversityの視点をもつことは教員にとってさらに重要になることは間違いありません。

第14章 現代の教育課題－多様性（Diversity）を受け入れる教育を目指して－

　そこでこの章では、現代の教育課題として重要な、教育におけるDiversityの視点について説明します。教育の場では、子どもたちのさまざまな違いや個性を「多様性」として認めること、つまり「みんなちがって、みんないい」を実践することがとても大切なのです。新しい学習指導要領や保育所保育指針、幼稚園教育要領等に書かれているように、子どもたちの主体性を育て、深い学びにつなげるためにも、子どもたち一人一人の存在そのものを大切にする豊かな教育の基礎となるDiversityはきわめて重要な概念なのです。

第2節　異なるルーツをもつ子どもたちの教育

1. 教育のなかで「違う」文化を受け入れる

（1）違う国の文化を尊重するDiversity教育

　2016（平成28）年に、イギリスのロンドンにあるチルドレン・センター（子育て支援施設を併設した保育園）を筆者が訪れた時のことです。その地域はもともとアフリカや東欧、中東などからの移民が多く、かつては貧困地域として知られていました。今でも移民が多く、そのセンターにも世界14か国からの子どもが在籍しているということでした。

ロンドンのチルドレン・センター

　さまざまなルーツをもつ子どものほか、障害のある子どもも多く、子ども一人一人にあわせた穏やかでていねいな保育が行われていました。子どもたちに対して英語教育を行っているだけでなく、母国語や母国の文化を尊重した教育が行われているとのことでした。さらに、英語教育は子どもだけでなく、親たちにも行われており、親たちに対する生活上のさまざまな支援が行われていました。「移民」として区別するのではなく、あらゆる国の人を同じ人間として受け入れるDiversityの教育が行われていました。

（2）日本語が話せない子どもたち

　日本でも、すでにそういった教育が行われる必要がある時代に入っています。日本の公立学校に通う子どものなかには、日本語が話せない子どもたちが増えているのです。文部科学省「学校基本調査」によれば、公立学校に在籍している外国人児童生徒数は、2016（平成28）年5月1日現在80,119人で、

2014（平成 26）年度の 73,289 人より 6,830 人（9.3%）増加していることがわかっています。

また、2016（平成 28）年度に日本語指導が必要な外国籍の児童生徒数は 34,335 人で 2014 年度の調査より 5,137 人増加し、日本語指導が必要な日本国籍の児童生徒数は 9,612 人で 2014 年度の調査より 1,715 人増加しています[2]。日本国籍をもっていても、日本語を話せない子どもたちも大勢いることを知っておかなければなりません。国籍と言語が一致しないのは、まさにグローバル化が引き起こす現象でしょう。

国籍にかかわらず、日本語が話せない子どもたちに対しては「特別の教育課程による日本語教育」として、子どもたちが在籍している学級とは別の日本語を教える学級での授業が行われます。しかし、教員の不足や、1 校あたりの日本語教育が必要な子どもの人数がきわめて少ないことから、全員に対して特別の教育課程による日本語教育が行われているわけではありません。現状では 74.3% 程度であり、日本語が話せないにもかかわらず、学校で日本語を教えてもらっていない子どももかなり存在するのです。

保育施設にも外国籍の子どもがいます。たとえば、岡山県内の 407 施設に対して行った調査では、外国籍の子どもが現在在園している園が 12.5%、現在は在園していないが過去に在園していた園が 21.4%、在園する予定がある園が 1.0% で、在園していないししたこともない園が 64.4% という結果が出ました[3]。学校に在籍している外国籍の子どもが 53 人と、少ない岡山県ですが、保育施設の半数近くに外国籍の子どもがいることがわかります。

日本に暮らすうえで、日本語が理解できないことは不自由で、不利益になります。子どもたちは大人に比べて言語習得能力が高いため、比較的早く日本語を習得することができますが、日本語を話せないことがいじめや不登校の原因になることも考えられるので、ていねいなかかわりが必要です。

また、外国籍の親が日本語教育を受ける場がないことは大きな損失です。親が日本語を読めないことで、学校からの連絡のおたよりやプリントが読めず、子どもの教育上必要なことが伝わらないことがあるからです。学校内だけでは支援が難しい場合には、自治体や、地域の外国人支援の NPO の協力を仰ぎ、協力して支援していくことが必要でしょう。

（3）異なる宗教の問題

さまざまな宗教のなかでも、日本人にとっては馴染みが薄いのはイスラム教でしょう。イスラム教の国からやってきた人たちのなかには、イスラムの厳しい戒律にしたがって生きることを求められている子どももいます。

たとえば、男性は毎日、イスラム教の教えにしたがって決まった時間にメ

第14章 現代の教育課題－多様性（Diversity）を受け入れる教育を目指して－

ッカの方向にお祈りをします。女性は「ヒジャブ」と呼ばれる布で頭を覆わなければなりません。食べ物もイスラム教の法律で定められた方法で調理した「ハラール」にしなければなりません。日が昇っている間は断食をする「ラマダン」など、季節ごとの行事もあります。

　そういった宗教の違いを「郷に入っては郷にしたがえ」とばかりに否定したり、排除したりしてはいけません。教育の現場でも、できる限り子どもの宗教を尊重することが必要です。

　特に、毎日の学校生活のなかで問題になるのが「ハラール」です。「ハラール」とは、イスラム教の法律に則していることを意味します。食べ物もイスラムの法律にのっとったものでなければならないのです。イスラム教では、豚肉は食べないほか、食べられる牛肉などもすべてお祈りをして処理しなければなりません。また、飲酒が禁止されていますので、みりんなども含めて調理にお酒を使うことができないのです。「ハラール」にのっとった食事をしようとすると、一般的な学校給食は食べられなくなってしまいます。そのため、子どもたちに豚肉を残すように求めたり、給食を食べずにお弁当を持参したりするイスラム教の家庭もあるのが現状です。単なる「好き嫌い」とは違う宗教上の理由から、食べ物の選別をすることがあるということを教育現場にいる大人が理解することが求められます。

（4）「多文化共生教育」という考え方

　ニュージーランドでは、原住民であるアボリジニと、イギリスから移民してきた住民の2つの文化が混在しています。そこで幼児教育や学校教育においても「二文化併存主義」が採用されています。特に幼児教育のカリキュラムは「テ・ファリキ」という現地の言葉で名づけられており、その前文には二文化主義についての理念が記されています。希望すれば、小学校以上の学校もすべて原住民教育の学校に進むことができます。

　日本は単一民族、単一国家のように考えられ、教育制度もそのように設計されていますが、実際には前述のように、さまざまな国にルーツをもつ子どもたちが増えています。逆に、日本国籍の子どもであっても日本語が話せない子どもがいることもしっかり受け止めなければなりません。日本にいるさまざまなルーツの人々を受け入れる「多文化共生」の視点をもつことは、教

 ふりかえりメモ：

育の現場でも非常に大切なことです。

(5) 教育からの社会的排除をなくすために

　酒井（2015）は「日本国憲法第26条には、『すべて国民は義務教育を受ける権利と義務を有する』と書かれているが、文部科学省は、外国籍の子どもは「国民」ではないため、就学義務はないとの見解をとっている」「法的な保障がないために、外国籍の子どもは就学の段階で、社会の周辺部に追いやられてしまうリスクが高い」[4]と指摘しています。その実態は正確には把握されていません。外国籍の子どもたちが学校から排除されることは、グローバル化のなかでは大きな損失となり、社会的なリスクとなります。

　世界を見渡せば、日本ではまだまだ多文化共生の教育が浸透していません。今後は、国籍に関係なく、日本で暮らす子どもたちが等しく教育を受けられるようになることが必要です。教育現場にいる人々が積極的に多文化とかかわり、多文化を理解し、受け入れるために、日本の教育のシステム自体もDiversityの時代にふさわしいものに変化していくことが求められます。

第3節　社会的排除と闘うための教育

1. 困難を抱える子どもたちを受け入れる

(1) 見えにくい「相対的貧困」

　2017（平成29）年に発表された「国民生活基礎調査」によれば、2015（平成27）年の日本の子どもの「相対的貧困率」[*4]は13.9%で、約7人に1人の子どもが貧困の状態にあることがわかりました[5]。前回の調査の16.3%（約6人に1人）からは良くなったものの、依然として日本では「貧困」の状態にある子どもたちが多く存在することがわかります。

　「相対的貧困」という概念は、OECDやEUなどの先進国で用いている指標で、「誰もがあたりまえにもっているものをもてない貧困」を表しています。たとえばゲーム機や自転車など、多くの子どもがもっているものをもっていないことも「貧困」と考えられるのです。そのため学校や保育施設では見えにくいものでもあります。

　阿部（2012）は、相対的貧困の社会的影響として「子どもの社会的排除を引き起こすリスクを高めること」「親への影響を介して子どもの発達に影響を及ぼすこと」[6]の2つをあげています。たとえば、ゲーム機や自由に使えるお金を持っていないために友人と遊んだり、スポーツクラブに入って活

---

*4　相対的貧困率とは、「一定基準（貧困線）を下回る等価可処分所得しか得ていない者の割合をいいます。貧困線とは、等価可処分所得（世帯の可処分所得（収入から税金・社会保険料等を除いたいわゆる手取り収入）を世帯人員の平方根で割って調整した所得）の中央値の半分の額をいいます」。（厚生労働省「相対的貧困率等に関する調査分析結果について」より）

第14章 現代の教育課題 ―多様性(Diversity)を受け入れる教育を目指して―

動したりすることができず、仲間から排除され、居場所を失うことにつながっていく可能性が高まります。また、親が長時間働くことを余儀なくされ、親との関わりが少なくなったり、親のストレスが子どもに影響を及ぼしたりする可能性が高まります。それがやがてネグレクト*5につながっていく危険もあります。

　東京都の「子供の生活実態調査」の結果では、貧困の影響があると考えられる子どものなかには、「いつも同じ服を着ている」「服や洋服のサイズがあっていない」「朝食を食べてこないことがある」「医療機関になかなか行かない」「虫歯が多い」「家族旅行に行かない」などの傾向が見られることがあることがわかっています。それらはあくまでも傾向に過ぎませんが、そこに貧困が隠れている場合もあります。学校や保育施設で子どもとかかわる際に気をつけたい事柄です。「重要なのはいちばん子どもや親の生活に近いところで接している職員たちの『福祉のまなざし』」(平松, 2016)[7]なのです。学校という教育機関においても、教師は常に「福祉のまなざし」をもつことが重要です。

*5
児童虐待の1つである「育児放棄」のことです。ネグレクトは外から見えにくい複雑なものです。たとえば、高価な服を着ていても、洗濯されていない状態であればネグレクトが疑われます。

(2) 貧困対策と学校

　学校や保育施設は、困難な状況を抱える子どもを発見し、支援につなげるきっかけとなりうる場です。政府が定めた「子供の貧困対策に関する大綱について」では、「貧困の連鎖を断ち切るためのプラットフォームとして学校を位置付け、総合的な子供の貧困対策を展開する」[8]と位置づけられています。

　「学校を窓口として、貧困家庭の子供たち等を早期の段階で生活支援や福祉制度につなげていくことができるよう」[8]にするために、自治体や支援機関、ソーシャルワーカーとの連携を求めています。

　子どもたち同士の集団のなかで「排除」が行われていないかを見ていく必要があります。そして、それに気づいた教員や保育者など「周囲のおとなたちが、当事者である子どもの心のケアをするとともに、排除する側の子どもたちに対する『社会的包括』をめざした教育的なかかわりを工夫していくことが必要になる」[9]はずです。

2. 性的マイノリティの子どもたち

(1) LGBT教育の必要性

　保育所のなかには、職員や保護者に対して「LGBT研修」を行っているところもあります。幼児期から、男の子の遊びが好きな女の子、女の子の遊び

が好きな男の子がいますが、研修を受ける前には、保護者も保育者もそういった子どもに気づいて戸惑い、「変わった子」「おかしな子」と考えることがありましたが、研修でLGBTへの理解を深めたことで、そういった性的マイノリティの子どもたちをあるがままに受け入れられるようになったそうです。

　性的な嗜好や、自分の性に対する認知は一人一人違っています。「女性だが女生徒の制服を着たくない」という気持ちや「ゲイ」や「レズビアン」という嗜好を学校のなかでも理解し、認めていくことが必要です。教育現場で働く人たちには、LGBTを学び、理解し、十分な知識を得て対応することが求められます。

（2）社会的排除を防ぐ取り組み

　性的マイノリティの自殺対策（＝生きる支援）に取り組むNPO団体「いのちリスペクト。ホワイトリボン・キャンペーン」では2014（平成26）年に「LGBTの学校生活に関する実態調査（2013）結果報告書」を発表しています。性的違和感をもつ（自分の性を受け入れにくい）男女と異性愛ではない男女あわせて609名に調査を行った結果、自分の性について「教師に話した」という割合は1割程度に過ぎませんでした。学校現場で教師がLGBT当事者の存在に気づきにくい状況にあるといえます。

　また、「いじめや暴力を受けた経験」については、全回答者の68％が「身体的暴力」「言葉による暴力」「性的な暴力」「無視・仲間はずれ」のいずれかを経験していました。「言葉によるいじめや暴力」が53％ともっとも多く、次いで「無視・仲間はずれ」が49％でした。その結果、「自殺を考えた」人が33％、いわゆる自傷行為にあたる「わざと自分の身体を傷付けた（リストカットなど）」を行った人が22％と、その後の人生にも大きな影響を与えていることがわかりました[10]。

　性的マイノリティの子どもたちは、学校で排除されやすい存在です。文部科学省は2015（平成27）年4月30日に「性同一性障害に係る児童生徒に対するきめ細かな対応の実施等について」を通知しました。このガイドラインが通知されたことで、教育現場でのLGBTの存在が公的に認知されたといえます。しかしLGBTは「性同一性障害」という1つの言葉で言い表せるほど単純なものではありません。

　「みんなちがって、みんないい」は性的マイノリティについてもいえることです。複雑で表面化しやすく、いじめや自殺の原因にもなりうる教育現場でのLGBTを知り、Diversityの1つとして受け入れるためには教師が学び、子どもの声にもっと耳を傾けることが必要なのです。

第14章 現代の教育課題－多様性(Diversity)を受け入れる教育を目指して－

 演習課題

Q 一人一人の子どもたちの多様性を大切にするために、保育・教育の現場にいる人たちはどのようなことを考え、学ぶことが必要でしょうか。

ホップ 幼稚園や保育所、小学校にいる子どもたちがどのように多様化しているかについて知り、実際にどのような事例について考えなければならないかを箇条書きにしてみましょう。

....

....

ステップ 子どもたちの多様性のなかでも、特に貧困を抱えたり、言語などのハンディを抱えたり、性的マイノリティである「弱い子どもたち」に視点をあて、大人がどのような支援をしていけば良いか、話し合ってみましょう。

....

....

ジャンプ 子どもたちの「みんなちがって、みんないい」という多様性を受け入れるために、教育現場でどのような配慮が必要か、考えてまとめてみましょう。

....

....

【引用文献】
1）金子みすゞ『金子みすゞ童謡集』角川春樹事務所　1998 年　p.81
2）文部科学省「『日本語指導が必要な児童生徒の受入状況等に関する調査（平成 28 年度）』の結果について」2017 年 6 月 13 日
http://www.mext.go.jp/b_menu/houdou/29/06/__icsFiles/afieldfile/2017/06/21/1386753.pdf
3）子ども実践学研究会「外国籍の子どもの在籍に関する質問紙調査の報告」岡山県立大学 保健福祉学部 保健福祉学科 佐藤和順研究室 2015 年
http://www7b.biglobe.ne.jp/~wajun/pdf/reseachfund_02.pdf
4）酒井朗「教育における排除と包摂」『教育社会学研究』Vol. 96　2015 年　pp.5-24, p.14
5）厚生労働省「平成 27 年国民生活基礎調査の概要」
http://www.mhlw.go.jp/toukei/saikin/hw/k-tyosa/k-tyosa15/index.html
6）阿部 彩「豊かさ」と「貧しさ」：相対的貧困と子ども『発達心理学研究』第 23 巻、第 4 号、2012 年　pp.362-374, p.369
7）平松知子「人生最初の 6 年間で育めるもの〜保育所保育から見る貧困と福祉」『貧困と保育』かもがわ出版　2016 年　p.65
8）内閣府「子どもの貧困対策に関する大綱について」（2014 年 8 月 29 日閣議決定）
http://www8.cao.go.jp/kodomonohinkon/pdf/taikou.pdf
9）菅原ますみ「子どもの発達と貧困 低所得の家族・成育環境と子どもへの影響」『貧困と保育』かもがわ出版　2016 年　p.215
10）いのちリスペクト。ホワイトリボン・キャンペーン「LGBT の学校生活に関する実態調査（2013）結果報告書」2014 年
http://endomameta.com/schoolreport.pdf

【参考文献】
佐久間孝正「文部科学省の外国人児童生徒受け入れ施策の変化」『専修人間科学論集』社会学編 vol.4, No2. 2014 年　pp.35-45
鈴木一代「国際児の文化的アイデンティティ形成をめぐる研究の課題」『埼玉学園大学紀要』人間学部篇 vol.4, 2004 年　pp.15-24
秋田喜代美・小西祐馬・菅原ますみ編『貧困と保育』かもがわ出版　2016 年

索 引

あ行

『赤い鳥』 92
アカデメイア 62
アクティブ・ラーニング 162
旭川学力テスト事件 96
アトリエリスタ 168
アマラとカマラ 16
アリエス 28
アンドラゴギー 182
いじめ 69
イソクラテス 62
1.57ショック 44
インクルーシブ保育 149
エミール 75, 118
LGBT 195
エレン・ケイ 120
エンゼルプラン 45
オウエン 79
OECD（経済協力開発機構） 182
大いなる分岐 107
臆見（ドクサ） 62
被仰出書 29, 87
オルタナティブ・スクール 172
恩物 78, 167

か行

格差 196
学習指導要領 96, 154, 165
学習指導要領（試案） 96
学習社会論 184
学制 29, 66, 87
学徒勤労令 93
学徒出陣 94
学力格差 69
学力の3要素 134
学級便り 52
学校 32
学校運営協議会 138
学校教育法 29, 95, 97, 132, 133, 144

学校教育法施行規則 134
学校教育法施行令 134
学校選択制 138
学校評価 137
学校評議員制度 138
学校保健安全法 134
家庭 111
カント 18
キケロ 62
『きけ わだつみのこえ』 94
教育課程 149, 154
教育観 116
教育基本法 18, 19, 29, 30, 51, 52, 68, 95, 96, 132, 133
教育公務員特例法 134
教育職員免許法 135
教育審議会 67, 93
教育勅語 29, 90
教育令 66, 88
教学刷新評議会 93
教学聖旨 29, 88
キンダーガルテン 78
公教育の3原則 64, 102
勤勉革命 108
経験主義 154
系統主義 154
工場法 64, 79
構築主義 121
国際バカロレア 125
国民学校 67
国民学校令 67, 93
国民徴用令 93
互恵性 56
国家総動員法 93
子ども・子育て応援プラン 45
子ども・子育て関連3法 46, 136
子ども・子育て支援新制度 46, 136
子ども観 116
「子どもの家」 81, 168
子どもの発見 112

コミュニティ・スクール 138
コメニウス 29, 64, 74
5領域 34, 146
コンテンツ・ベース 162
コンドルセ 64
コンピテンシー 125
コンピテンシー・ベース 162

さ行

サドベリー・スクール 171
サマーヒル・スクール 171
サルトル 22
産業革命 107
ジェンダー 195
自己教育運動 187
資質・能力 126, 134, 145, 164
次世代育成支援対策推進法 45
施設型給付 46
指導計画 150
児童の権利に関する条約 41, 42, 134
児童の最善の利益 41, 42
児童福祉施設 40
児童福祉法 41, 42
指導要録 156
社会教育法 187
シャトルワース 64
自由学芸七科 62
自由大学運動 187
自由保育 147
主体的・対話的で深い学び 162
シュタイナー 170
小1プロブレム 146
小1の壁 46
小学校設置基準 134
小学校令 66
消極的な教育 76
少子化社会対策大綱 45
少子化社会対策基本法 45
情緒の安定 35
省令 134
諸学校令 89

助教制（モニトリアル・システム）　105
私立学校法　134
新エンゼルプラン　45
新教育運動　67, 92
真理（エピステーメ）　62
鈴木三重吉　92
墨塗り教科書　94
性的マイノリティ（少数派）　196
生命の保持　35
生理的早産　18
政令　134
『世界図絵』　64, 74
設定保育　147
CERI（教育開発研究センター）　182
セレスタン・フレネ　170
全体的な計画　149
相対的貧困率　200
相対評価　155
ソクラテス　62

た行

ダーウィン　119
第三者評価（外部評価）　137
大正デモクラシー　92
大日本帝国憲法　90
Diversity（多様性）　194
縦割り保育　148
多文化共生　199
単線型　68, 96
地域型保育給付　46
地域子ども・子育て支援事業　46
小さな大人　28, 117
チーム学校　140
地方教育行政法　135
地方公務員法　135
直観教育　77
通知表　156
テ・ファリキ　199
デューイ　122

寺子屋　86
東京女子師範学校附属幼稚園　167
到達度評価　155
ドキュメンテーション　53, 169
読書革命　110

な行

ニイル　171
二文化併存主義　199
日本国憲法　29, 30, 40, 95, 132, 200
ニューカマー　195
認定こども園制度　135
ネグレクト　201
農業革命　108

は行

バーンステイン　123
発達過程　120
ハッチンス　184
PDCAサイクル　137
非認知能力　145
敏感期　167
フィヒテ　65
複線型　68
プラトン　62
フランス革命　104
フリースクール　172
フレーベル　78, 118, 166
プロウト　124
ブロンフェンブレンナー　55
ペアレントクラシー　69
ペスタロッチ　76
ペダゴギー　182
ペダゴジスタ　168
ベネディクト　63
ヘルバルト　77
保育所保育指針　35, 144
放課後子供教室　46
放課後児童クラブ　46
封建的共同体　103

ホール　120
ポストマン　124
保幼小連携　136
ポルトマン　18
ボルノウ　21

ま行

マクミラン姉妹　80
マルサスの罠　107
マン　118
箕作麟祥　87
民間人校長　138
メトーデ　77
メリトクラシー　69
元田永孚　88
森有礼　66, 89
森のようちえん　169
モンテッソーリ　81, 121, 167

や行

ユネスコ　182
幼児期の終わりまでに育ってほしい姿　34, 145
幼稚園教育要領　34, 144
幼稚園設置基準　134
幼保連携型認定こども園　46
幼保連携型認定こども園教育・保育要領　35, 36, 144
読み書きそろばん　86
四大教育指令　94

ら行

ラングラン　182
リカレント教育　182
リベラル・アーツ　62
ルソー　75, 118
ルター　63
ルネサンス　63
レッジョ・エミリア　168
ロック　118

・編著者紹介

西本　望 (にしもと　のぞむ)

西宮市育ち。関西学院大学大学院文学研究科修了　博士（教育学）。
現在、武庫川女子大学文学部教育学科教授。
専門は、家庭教育・社会教育、こども論、ECEC（幼児教育・保育学）、世代間交流、基本的生活習慣の形成過程としつけの方策、愛着形成の機序と不全、子育て支援、教育課程の接続と評価。

・学会活動
日本保育学会理事、日本乳幼児教育学会常任理事、日本世代間交流学会理事

・主な著書
『新時代の保育双書　保育原理［初版］［第2版］［第3版］』（共著）みらい　2008, 2010, 2014年
『家庭支援論［初版］［第2版］』（共著）光生館　2011, 2016年
『はじめて学ぶ教育課程』（共著）ミネルヴァ書房　2016年
『教育方法・技術論』（共著）学芸図書　2012年
『保育のこれからを考える保育・教育課程論』（共著）保育出版社　2012年
『教職概論』（共著）昭和堂　2009年
『現代保育論保育の本質と展開［初版］［改訂版］』（共著）聖公会出版　2007, 2009年
『関西の子育て文化』（共著）武庫川女子大学関西文化研究センター　2006年
『教育のプシューケーとビオス』（共著）福村出版　2001年
『教育心理学のエッセンス』（共著）八千代出版　2001年　など。

＜メッセージ＞
多くの方々に支えられながらも、絆を構成する部分（一員）でもあることが幸いです。

シリーズ 知のゆりかご
いまがわかる教育原理

2018年4月20日　初版第1刷発行
2024年5月1日　初版第7刷発行

編　　集　　西本　望
発 行 者　　竹鼻　均之
発 行 所　　株式会社みらい
　　　　　〒500-8137　岐阜市東興町40　第5澤田ビル
　　　　　TEL　058-247-1227（代）
　　　　　FAX　058-247-1218
　　　　　https://www.mirai-inc.jp/

印刷・製本　　サンメッセ株式会社

ISBN978-4-86015-450-9 C3337
Printed in Japan　　　　　　　　　乱丁本・落丁本はお取り替え致します。